## Das Buch

*Ich wollte schon immer mal … meine Höhenangst überwinden! … über die Datumsgrenze fliegen! … mit einem Präsidenten tanzen! … eine Weltreise machen! Warum nicht alles auf einmal, warum nicht jetzt?*
Für seinen Video-Reiseblog stellt sich Weltenbummler Christoph Karrasch immer wieder vor neue Herausforderungen. Doch diese Reise übertrifft alle: Er fliegt in zehn Tagen um die Welt, besucht alle fünf Kontinente und stellt sich an jedem Ort einer anderen Aufgabe. Reise-Speed-Dating mit der ganzen Welt. Unterwegs trifft er auf Zauberer und Hobbits, heilige Kinder und bissige Alpakas. Er erlebt atemberaubende Momente auf dem Tafelberg über Kapstadt, Herzklopfen in Vegas und kämpft immer wieder mit dem Jetlag. Der Countdown läuft: 240 Stunden. Los geht's!

## Der Autor

CHRISTOPH KARRASCH, Jahrgang 1984, ist Reisejournalist, Videoreporter und Blogger. Nach einem halben Jahrzehnt beim Radio entschied er sich dafür, die Welt zu bereisen und die Highlights auf seinem Video-Reiseblog www.vonunterwegs.com festzuhalten. Karrasch wurde mit dem Axel-Springer-Preis für junge Journalisten ausgezeichnet und für den Deutschen Webvideopreis nominiert. Er lebt mit seiner Familie in Kiel.
www.10tage.com

Christoph Karrasch

# #10Tage

## In zehn Tagen um die Welt

Ullstein

Besuchen Sie uns im Internet:
www.ullstein-taschenbuch.de

*Zahlreiche QR-Codes im Buch lassen die kürzeste Weltreise der Welt in Videos lebendig werden. Dafür einfach eine der kostenlosen Apps zum Scannen von QR-Codes auf Smartphone oder Tablet laden. Alle Bilder und Videos stehen auch auf www.10tage.com zur Verfügung.*

Zum Schutz der Personen wurden Namen und Biographien zum Teil verändert und Handlungen, Ereignisse und Situationen an manchen Stellen abgewandelt.

MIX
Papier aus verantwortungsvollen Quellen
FSC® C083411
www.fsc.org

Ungekürzte Ausgabe im Ullstein Taschenbuch
1. Auflage Mai 2016

Umschlaggestaltung: Fabian Sixtus Körner
Fotos im Innenteil: © Christoph Karrasch
Illustrationen im Innenteil: © Fabian Sixtus Körner
Gesetzt aus der Albertina
Druck und Bindearbeiten: CPI books GmbH, Leck
Printed in Germany
ISBN 978-3-548-37641-7

»Lass endlich los, was dich nicht mehr hält,
und flieg in zehn Tagen um die Welt.
Einfach mal losziehen und sehen, wo's dir gefällt –
in zehn Tagen um die Welt.«

# INHALT

# #VORWORT

Der Ranger ging vorweg, seine Machete im Anschlag. Keiner redete, nur das Rascheln unserer Füße im Laub und der surrende Klangteppich des ewig weiten Urwalds waren zu hören, oben in den Baumwipfeln versteckten sich eine Orang-Utan-Mama und ihr Baby. Die Haut klebte, es war feucht und heiß, und ich wusste nicht genau, ob das, was da gerade bei mir im Nacken kitzelte, nur ein Schweißtropfen war – oder ein weiterer Stich von den Myriaden hungriger Moskitos. Es machte aber letztlich auch keinen Unterschied, in Borneos Dschungel ergibt man sich beidem recht schnell.

*Ich wollte schon immer mal* nach Borneo, mein Sehnsuchtsort. Allein der Name hat bei mir seit jeher Bauchkribbeln ausgelöst – obwohl mir klar war, dass so eine Reise kein Zuckerschlecken sein würde. Die Matratzen der Dschungellodges waren von Bettwanzen durchlöchert und verschimmelt, richtige Toiletten gab es nicht – und auch eine Infrastruktur war kaum existent. Die erste Tagesetappe, nachdem uns unser Guide Nanang samt Fahrer am Flughafen in Balikpapan abgeholt hatte, umfasste 300 Kilometer, wir brauchten dafür neun Stunden. Der langsamste und wackeligste Roadtrip aller Zeiten – und er sollte einer der allerschönsten werden.

Unser Fahrer paffte uns süßen Nelkenrauch ins Gesicht, während er seinen klapprigen Allrad-Jeep in Schlangenlinien mit 30 km/h über die unasphaltierte Piste manövrierte. Ein feuchtwarmer Wind wehte durchs geöffnete Fenster um unsere Nasen, zwischendurch schlossen wir die Augen, um uns in einen kurzen, verschwitzten Schlaf rütteln zu lassen. Dann wieder drehte Nanang die Anlage auf, und wir sangen gemeinsam laut im Chor: »Because maybe, you're gonna be the one that saves me. And after all, you're my wonderwall.« Dabei kannten wir uns erst seit einem Tag.

Ich habe unendlich viele von diesen *Ich wollte schon immer mal*. Die allermeisten davon haben mit Reisen zu tun. Schon so lange ich denken kann, gehört es zu meinen liebsten Freizeitbeschäftigungen, den *Diercke Weltatlas* aus der Schublade zu holen und Reiserouten zu planen. Der Atlas ist noch immer mit derselben Klarsichtfolie eingeschlagen, die meine Mum 1994 zu meiner Einschulung ins Gymnasium benutzt hatte. Ich erinnere mich an Erdkundestunden, in denen wir den schweren Schinken aufschlugen, um uns mit dem Kansk-Atschinsker Braunkohlerevier in Mittelsibirien oder den mit kleinen, bunten Quadraten dargestellten Bodenschätzen Südamerikas zu befassen. Das alles hatte mich nie sonderlich interessiert. Und doch zog ich den Atlas allnachmittäglich erneut hervor, weil ich in jeder Unterrichtsstunde auf neue, exotisch klingende Orte gestoßen war, die ich eines Tages auf jeden Fall einmal bereisen würde: La Escondida, Xuanhua, Lubumbashi. Dass es sich dabei aller Wahrscheinlichkeit nach um eher überschaubar attraktive Goldminen oder Metallbaustätten handelte, hinterfragte ich als Teenager nicht weiter. Ich wollte all diese Orte kennenlernen. Auf Seite 113 sieht man heute noch eine mit Bleistift gezeichnete Route durch Mitteleuropa, darüber steht: »Mein Europaurlaub«. Und auf Seite 157, dem Ausschnitt von West- und Südasien, sind rund um Indien Kreuze zu erkennen, die wahrscheinlich auch einer meiner pubertären Reiseideen geschuldet sind.

1999, ich war gerade fünfzehn geworden, wollte ich das erste Mal Nägel mit Köpfen machen. *Ich wollte schon immer mal* als Austauschschüler in die USA gehen. Ein Jahr Highschool, American Football, Prom Night, Knutschen und so, ihr wisst schon. Auf meiner Schule hatten es viele gemacht: Einer war in perfekter Strandlage in Kalifornien untergekommen, ein anderer in einem Vorort von New York und ein dritter auf Hawaii. Wahnsinn! Es war klar: Das wollte ich auch. Ich war mit meiner Mum sogar schon beim finalen Infogespräch über das anstehende Austauschjahr. Dass man dabei theoretisch auch in die Einöde Idahos, Kansas' oder Montanas verfrachtet werden könnte, blendete ich gekonnt aus. Wir waren kurz davor, die Sache einzutüten – als ich letztlich doch noch einen Rückzieher machte.

Warum?

Lisa, meine erste große Liebe. Wir waren seit zwei Jahren zusammen und unzertrennlich. In den Ferien weinten wir jedes Mal bitterlich, wenn einer von uns mit der Familie in den Urlaub fuhr. Ich entschied mich für sie und gegen meinen großen Traum von Amerika. Sie war schließlich die Liebe meines Lebens.

Vier Wochen später schlief sie mit einem älteren Typen.

Meine Güte, tat das weh. Es war zu schmerzhaft, um ihr zu verzeihen – und leider auch zu spät, um noch den Flieger nach Amerika zu kriegen. Ich war am Boden zerstört.

O Mann, und wie ich an der Highschool geknutscht hätte!

Als sei das ein schlechtes Omen gewesen, habe ich es bis heute nicht geschafft, längere Zeit im Ausland zu verbringen. Aus mir ist ein klassischer Kurztripper geworden, sowohl privat als auch beruflich. Aber eins hat sich nie geändert: Ich setze mich immer noch gern mit dem Atlas auf die Couch, um mit dem sprichwörtlichen Finger auf der Landkarte unterwegs zu sein. Inzwischen habe ich dabei Gesellschaft. Mein dreijähriger Sohn kuschelt sich oft dazu, und dann schauen wir uns gemeinsam die Welt an.

»Papa, was ist das?«

»Das ist China.«

»Warst du da schon mal?«

»Nein, noch nicht.«

»Da musst du mal hin.«

Wie recht er damit hat! Wo man nicht überall mal hinmüsste.

An der Wand in unserem Treppenhaus hängt eine riesige Weltkarte. Auf ihr markiere ich mit kleinen Stecknadeln die Orte, die ich schon besucht habe. Durch meinen Beruf habe ich das große Glück, viel und oft reisen zu können. Und doch ist der allergrößte Teil dieser riesigen Weltkarte noch lächerlich leer. Vermutlich, weil ein Leben einfach viel zu kurz für diese Welt ist.

Meine Reisen dauern mal ein verlängertes Wochenende, häufig eine Woche, nur selten bis zu zwei Wochen. Ich will mich nicht beklagen, reisender Reporter zu sein ist toll, aber mit Familie auch manchmal nicht so leicht. Ich vermisse sie einfach immer wahnsinnig. Aber ich habe durch meinen Job einen Weg gefunden, mir auch ohne große Reisen große Träume zu erfüllen, nach und nach. *Ich wollte schon immer mal* über die Golden Gate Bridge laufen, *ich wollte schon immer mal* in der Südsee Tauchen lernen, *ich wollte schon immer mal* eine Nacht lang durch Bangkok tanzen, *ich wollte schon immer mal* das Musikvideo zu »Walking in Memphis« nachdrehen. Also habe ich all das einfach gemacht, Stück für Stück – und dabei irgendwann gespürt, wie auf meiner Liste ein ganz bestimmtes *Ich wollte schon immer mal* immer weiter nach oben gekrabbelt kam: *Ich wollte schon immer mal* eine Weltreise machen, die Erde an einem Stück umrunden.

Nur wann? Und wie? Mit Kind? Soll ja gehen, sagen einige Leute. Muss aber nicht sein, finde ich. Und dann, es ist inzwischen drei, vielleicht vier Jahre her, fing mein Kopf an, Fragen zu formulieren: Was wäre, wenn man die Dinge einfach mal ein bisschen beschleunigen würde? Was, wenn man versuchen würde, die Welt kennenzulernen wie die Japaner Europa? Sagen wir: fünf Touchdowns auf fünf Kontinenten in zehn Tagen. Heute hier, morgen dort und übermorgen wieder 10.000 Kilometer weiter. Was kann man von der Welt sehen, wenn eine Umrundung nicht länger als ein ganz normaler Urlaub dauert? Und welches Bild bekäme man von unserem Planeten? Vor allem aber stellte ich mir die Frage: Warum zur Hölle sollte man sich so einen Stress antun?

Auf die letzte Frage gibt es wahrscheinlich keine plausible Antwort. Aber die braucht es auch gar nicht. Heinrich Harrer, der Autor von *Sieben Jahre in Tibet*, hat mal gesagt: »Die

Frage, warum man etwas Ungewöhnliches unternimmt, stellt sich gar nicht. Die Begründung könnte ganz einfach die Lust am großen Abenteuer sein.« Ja, ich schätze, so ist das mit Schnapsideen. Ohne Ankündigung sind sie plötzlich da – wie der Kopfschmerz am nächsten Tag.

Wäre so ein Once-in-a-Lifetime-Trip nicht der Hammer? Innerhalb kürzester Zeit in südostasiatischen Wasserfällen baden, sich in Istanbul von schweren, haarigen Männern im Hamam misshandeln lassen, beim Überfliegen der Datumsgrenze auf dem Weg von San Francisco nach Tokio einen kompletten Tag ausradieren. Mit afrikanischen Stammeshäuptlingen tanzen, in balinesischen Tempeln den Weisheiten klappernder Glücksstäbchen glauben, in New York nicht schlafen gehen, mit Rednecks in den Südstaaten Whiskey trinken, Kängurubabys füttern. Kontinenthüpfen, Kulturhüpfen – Momentaufnahmen sammeln von diesem einen großen Urlaubsort namens Erde.

»In zehn Tagen um die Welt«, fiel es mir eines Tages ein. »Gar kein schlechter Name.« Doch letztlich verschwand die Idee immer wieder unter der schweren Bettdecke des Alltags, wie auch der Kopfschmerz des nächsten Morgens recht bald wieder vergeht. Was aber über all die Jahre blieb, war eine leise Vermutung, dass ich eine solche Reise eines Tages vielleicht tatsächlich unternehmen würde. Denn ich ahnte, dass sie schon längst zu einem weiteren *Ich wollte schon immer mal* geworden war.

# #TAG 0

## IN KIEL

Demokratisch um den Globus

16. Juli 2014,
drei Monate vor Abreise

Wie schön es gerade zu Hause ist!

Während sich ganz Deutschland mit fürchterlichem Regenwetter arrangieren muss, herrscht hier im Norden allerfeinster Hochsommer. Knackige 28 Grad, die Ostsee wird immer wärmer. Morgens packe ich den Laptop ein und verlege mein Büro in ein Café am Bootshafen, wo ich so gern mit einem Milchkaffee sitze, wenn die Morgensonne langsam an Kraft gewinnt.

Nachdem ich das Kind aus dem Kindergarten abgeholt habe, fahren wir mit dem Fahrrad an den Falckensteiner Strand oder essen im Schrevenpark Eis.

Idyllisch, nicht wahr? Kiel ist für mich Wohn- und Urlaubsort zugleich. Es gibt eigentlich überhaupt keinen Grund, eine Reise zu planen. Eigentlich. Denn in meinem Kopf rattert es schon wieder gewaltig.

Ich sitze vor dem Café am Bootshafen und schaue auf die staksigen Werftkräne, die am Fördeufer untätig in den strahlend blauen Himmel ragen. Über mir suchen krächzende Möwen nach etwas Essbarem. Meine Nase ist dagegen gerade auf der Suche nach frischer Luft. Mir ist ein bisschen komisch – vor Aufregung. Die Zehn-Tage-Reise scheint tatsächlich Realität zu werden.

Seit Wochen denke ich wieder ununterbrochen darüber nach, wohin ich reisen würde, wenn ich mir fünf Orte auf der Welt aussuchen dürfte. Es fing alles ganz banal mit einer Servicerecherche für ein Reisemagazin an. Das Thema: Gepäck bei Flugreisen. Welche Fluggesellschaften erlauben wie viele Kilo? Welche Regel gilt, wenn ich mehrere Airlines miteinander kombiniere? Und wann wird es bei Übergepäck richtig teuer? Ein völlig unromantisches Thema, das mir aber den entscheidenden Schubs gab. Ich jonglierte in Excel mit Koffermaßen und Kiloangaben und stellte mir dabei vor, wie es wohl wäre, einfach eine Tasche mit zwei, drei Sachen zu packen – und loszufliegen.

Wo war ich bisher noch nicht – oder wohin möchte ich noch einmal zurückkehren? Abgesehen von Europa als Start- und Endpunkt der Reise würde ich gern alle fünf Kontinente – Südamerika, Nordamerika, Australien (beziehungsweise Ozeanien), Asien und Afrika – betreten, einen Ort pro Kontinent. Das ist den riesigen Landmassen unseres Planeten gegenüber zwar ziemlich unfair, macht aber auch den besonderen Reiz aus, sich tatsächlich auf einen einzigen Ort festlegen zu müssen. Möchte ich in Afrika lieber entspannte Tage auf den Seychellen erleben oder doch den besonderen Vibe einer wuseligen Metropole wie Addis Abeba fühlen? Soll es in Asien die frische Bergluft des Himalaya sein oder die Teilnahme an einer japanischen Geisha-Zeremonie? Entscheidend ist auch, welche Städte international überhaupt so gut zu erreichen sind, dass sie sich zu einer Route mit fünf Stopps in zehn Tagen kombinieren lassen.

Wochenlang dachte ich darüber nach und legte mich schließlich fest: Rio de Janeiro, New York, Sydney, Bangkok und Kapstadt.

»Das ist ja superlangweilig!«

Die Meinung meiner Freunde war eindeutig. Ich verstand jedoch nicht ganz, was sie meinten. Was war denn an New York langweilig? Oder an Bangkok, meiner absoluten Lieblingsstadt? »Das ist doch alles schon mal da gewesen, haben schon Tausende vor dir gemacht. Mach mal was Geiles!« Und schon trudelten Unmengen an Alternativvorschlägen ein: Patagonien, Amazonas, Havanna, Hawaii, Fidschi, Hongkong, Mongolei, Indien, Sansibar. Bei jeder Idee hüpfte mein Herz ein Stückchen höher. Was für Traumziele dabei waren! Orte, auf die ich wahrscheinlich nie gekommen wäre.

Zwischen den Zeilen las ich aus den Vorschlägen, dass ich nicht allein bin: Jeder Mensch hat Sehnsuchtsorte. Jeder kennt diese Orte, die vielleicht nur wegen des Klangs ihres Namens oder den romantischen Bildern im Kopf die schönsten Flecken der Erde zu sein scheinen. In meinem Kopf sind es weit mehr als nur eine Handvoll – weshalb mir schließlich klarwurde, dass ich mich niemals allein für fünf Orte würde entscheiden können. Und so kam ich auf die Idee, die Weltreiseziele nicht selbst zu gestalten, sondern daraus eine Weltreise für alle zu machen, einen demokratischen Trip um den Globus. Ich wollte die Follower meiner Social-Media-Kanäle entscheiden lassen, welche fünf Orte die Route bilden und was ich unterwegs unternehmen sollte. Für was ist dieses Internet denn sonst da – mal abgesehen von wirklich irre süßen Tierfotos auf Facebook? Meinungsaustausch, Interaktion, virtuelle Nähe zwischen Produzent und Konsument. Ich, der Produzent dieser Weltreise, bekomme Inspiration und Ideen, die mir sonst vielleicht nicht gekommen wären. Und meine Zuschauer können die Reise aktiv mitbestimmen und vom Konsumenten zum Koproduzenten werden.

Deshalb sitze ich jetzt hier mit meinem Laptop in Kiels Morgensonne, schnappe nach Luft und hoffe, dass mir vor Aufregung nicht gleich der Blinddarm platzt. Vor wenigen Sekunden habe ich auf »veröffentlichen« geklickt. Eigentlich nicht weiter wild, das kommt als Blogger schon mal vor, wenn man einen neuen Artikel hochlädt. Aber der hier ist anders. Er ist der offizielle Start von #10Tage.

**VIDEO: Was ist »In zehn Tagen um die Welt«?**

In meinem Facebook-Chat poppt eine Nachricht auf.

»Hi du, geht es dir gut?«, schreibt Yvonne.

»Puh, geht so«, antworte ich.

»Was ist denn los?«

»Ach, ich bin nur sehr aufgeregt, weil ich gerade den Startschuss für die Vorbereitungen zur Weltreise gegeben habe. Jetzt gibt es kein Zurück mehr.«

»Verstehe. Ist so weit denn alles organisiert?«

»Nein, es ist noch gar nichts organisiert. Das ist ja das Aufregende. Jetzt startet ja erst einmal das Routenvoting.«

»Ach ja«, schreibt sie. »Ich drücke dir die Daumen!« – und schickt dann noch hinterher: »Oje, oje.«

Oje, oje? Wie meint sie das denn? Ist das ein Feedback? Ein vorsichtiger Einwurf, ob es wirklich eine gute Idee ist, alle wichtigen Entscheidungen für diese Reise aus der Hand zu geben? Noch bevor ich nachhaken kann, verlässt Yvonne den Chat.

Ich hatte mit ihr immer mal wieder über die Weltreise gesprochen. Yvonne wohnt in Berlin und ist ebenfalls Reisebloggerin. Vor einem halben Jahr waren wir gemeinsam in Namibia. Eine Woche lang, nur wir zwei in einem Allrad-Jeep, unterwegs im scheinbar ewigen Nichts zwischen Namib und Kalahari. Stundenlang fuhren wir schnurgeradeaus über staubige Wüstenpisten, da hat man viel Zeit zum Reden und Ideenspinnen.

An einem Tag, wir waren gerade auf dem Weg von Sossusvlei nach Swakopmund, schnatterten wir so intensiv über das Wie und Was meiner Weltreise, dass wir die einzige Tankstelle auf dem Weg übersahen und einfach weiterfuhren. Sprichwörtlich wachgerüttelt wurden wir erst, als sich die Tankleuchte unseres Jeeps mit einem lauten Piepsen bemerkbar machte. Natürlich war weit und breit keine Zivilisation zu sehen. Was nun? Sollten wir umkehren? Wie weit lag die verpasste Tankstelle wohl hinter uns? Oder doch weiterfahren? Irgendwann wird schon die nächste Siedlung mit einem Mindestmaß an Infrastruktur kommen, dachte ich. Der naive Gedanke eines Industrielandkindes. In Deutschland kommen auf einen Quadratkilometer rund 200 Einwohner, in Namibia dagegen gerade einmal zweieinhalb. Und so näherte sich die Tanknadel dem linken Anzeigenrand immer bedrohlicher – und wir uns der Mitte des Nirgendwo.

»Was machen wir denn jetzt?«, fragte Yvonne unruhig.

»Wir können nicht viel machen«, antwortete ich. »Wir fahren einfach so weit wir kommen und hoffen, unterwegs eine Tankstelle zu finden.«

»Und wenn nicht?«

»Weiß ich auch nicht so genau, aber das wird schon.«

Bevor wir die nächste halbe Stunde schwiegen und konzentriert nach Außenwelt Ausschau hielten, sagte Yvonne noch etwas, das sie anscheinend stets in Momenten größter Besorgnis von sich gibt: »Oje, oje!«

War das hier jetzt also auch ein »Tank-gleich-leer-in-der-Wüste«-Moment? Verzettele ich mich vielleicht gerade völlig? Was ist, wenn gar keiner mitmacht? Bedeutete Yvonnes Einwurf vielleicht: »Oje, oje – was ist, wenn die Menschen dich nach Gaza oder Syrien schicken?« Oder hat einfach nur mal wieder diese blöde Autokorrektur zugeschlagen und sie wollte eigentlich »Juhuu, juhuu!« schreiben? Ich kann mir die Situation nur schönreden. Dass wir damals in der namibischen Einöde auf den allerletzten Metern noch eine Lodge mit eigenem Benzintank fanden, lässt mich hoffen, dass ich ihren Worten möglicherweise nicht allzu viel Bedeutung beimessen sollte.

## VIDEO: Das Routenvoting

Die Regeln fürs Routenvoting sind schnell erklärt. Ich gebe lediglich die Reiserichtung vor: Zunächst geht es nach Südamerika, anschließend nach Nordamerika, von dort weiter nach Australien/Ozeanien und Asien bis zum großen Finale in Afrika. Jeder Follower hat eine Woche lang Zeit, sich seine ganz persönliche Traumreise, eine Kette aus seinen fünf Sehnsuchtsorten, zu basteln, indem er für die fünf Kontinente konkrete Ortsnamen nennt. Die jeweils meistgenannten Orte auf jedem Kontinent werden schließlich die Route bilden. So weit, so einfach.

Gleich die allerersten Vorschläge einiger User überraschen mich: Osaka ist dabei und das laotische Luang Prabang, Lima wird genannt und Papua-Neuguinea, Kathmandu in Nepal und Burkina Faso. Dass eines dieser Ziele am Ende tatsächlich eine Mehrheit für sich verbuchen wird, wage ich zu bezweifeln. Aber mein Plan funktioniert. Da sind sie nämlich wieder: diese Orte, auf die ich niemals selbst gekommen wäre. Bei Luang Prabang schießen mir Bilder von Alt- und Junghippies durch den Kopf, die sich an plätschernden Wasserfällen ihre Tütchen drehen. Bei Kathmandu sehe ich kahlköpfige Mönche in roten Gewändern, Räucherstäbchen und

Räuchermopeds. Und bei Papua-Neuguinea sehe ich – gar nichts. Wahrscheinlich gibt es dort viel Dschungel und das, was wir gern als Ursprünglichkeit bezeichnen. Aber darüber hinaus bin ich hoffnungslos überfragt.

Über die Dominanz eines Ziels wundere ich mich ganz besonders: weder Klassiker noch Geheimtipp, weder Weltmetropole noch Kuhdorf. Es ist irgendwas dazwischen und setzt sich bei Australien und Ozeanien direkt an die Spitze: Auckland, die größte Stadt Neuseelands. Dass das Land nicht erst seit den Hobbits zu den Sehnsuchtsorten vieler Menschen zählt, ist keine Überraschung. Aber was bei Neuseeland doch vor allem fasziniert, ist die Weite, die Natur, die Berge und das Ursprüngliche. Und dagegen ist Auckland doch irgendwie nur … nun ja, eine Stadt.

Zugegeben: Die Klassiker könnten es den Geheimtipps letztlich noch schwermachen. Mein Kollege André sagte vor ein paar Wochen zu mir: »Es ist wie mit einem Glas Murmeln. Je mehr Leute du fragst, wie viele Murmeln drin sind, desto näher bist du nachher der richtigen Lösung, wenn du aus allen genannten Tipps den Durchschnitt ermittelst.« Ich verstand nicht ganz, worauf er hinauswollte. »Na ja, so ist es auch mit deiner Reise: Je mehr Leute du fragst, desto wahrscheinlicher wird sich alles auf New York, Sydney und Kapstadt zuspitzen.« Und natürlich lassen in meiner Abstimmung auch Rio und San Francisco, Singapur und Buenos Aires nicht lange auf sich warten. Aber bis hier das letzte Wort gesprochen ist, kann noch einiges passieren.

Ich bin erstaunt, wie viel Aufmerksamkeit mein Projekt in den ersten Tagen bekommt. Ich habe ihm sogar einen eigenen Hashtag verpasst (#10Tage), weil es fast ausschließlich online stattfinden wird und so – auch später noch – sämtliche Beiträge auffindbar bleiben. Gar keine schlechte Erfindung also, zum Beispiel für alle, die erst später von der Weltreise hören und noch einmal alles nachverfolgen möchten. In den folgenden Tagen kommen einige neue Follower dazu. Ich bin fast ausschließlich am Telefon und in Radiostudios unterwegs. Medien aus dem ganzen Land sind auf #10Tage aufmerksam geworden und wollen darüber berichten.

Natürlich sind nicht alle Kommentare positiv – auf dieser riesigen, anonymen Meinungswiese namens Internet ist das so gut wie unmöglich. So wünscht mir Monika offenbar ein Krokodil an den Hals: »Möge er doch mal in den Everglades schwimmen.« Pete schreibt unter meinen Blogartikel: »Ich finde es ehrlich gesagt völlig sinnlos, in zehn Tagen um die Welt zu fliegen, und trage deshalb auch keine Routenvorschläge bei.« Und auch der Umweltaspekt, der $CO_2$-Fußabdruck dieser Reise, wird vereinzelt angesprochen. Diese Kritik muss ich akzeptieren, obgleich ich die Emissionen meiner Reise durch einen Spendenbeitrag zugunsten klimafreundlicher Projekte kompensieren lasse. Mit dem Geld wird zum Beispiel der Bau von Biogasanlagen in Dritte-Welt-Ländern unterstützt. Zugegeben: Es ist eine Gewissensberuhigung, aber eben das mindeste, was ich tun kann.

Auf der anderen Seite freue ich mich riesig über das Feedback von Menschen, die mit Begeisterung dabei sind und genau das bestätigen, was ich mir erhofft hatte. »Größte Überraschung: Es macht Spaß, sich für jemand anderen eine

Route zusammenzuspinnen«, schreibt Stephan auf Facebook. Und bald schon stellt sich heraus, dass dieses Projekt für einige Menschen sogar mehr als nur eine Spaßreise um die Welt ist. Mich erreichen Nachrichten aus allen Ecken Deutschlands mit ganz unterschiedlichen Anliegen: Martina schreibt, dass ihre Cousine in den Staaten lebe und die beiden sich seit über 20 Jahren nicht mehr gesehen haben – vielleicht könne ich ihr ja einen Besuch abstatten und schöne Grüße ausrichten. Und von all den Nachrichten, die in diesen Tagen in mein Postfach trudeln, berührt mich eine ganz besonders.

»Hi! Ich hätte nur einen Ort«, schreibt Andreas. »Richmond, Virginia, in den USA. Und es wäre schön, wenn du eine kleine Videobotschaft mitnehmen könntest. Nach einem Schlaganfall liegt meine Tante dort im Heim, und meine Mutter, ihre Zwillingsschwester, traut sich wegen ihres Alters eine so lange Reise nicht mehr zu.«

Da muss ich erst einmal schlucken. Verstehe ich das richtig? In meinem kleinen Reiseprojekt sieht jemand die Chance, der schwerkranken Zwillingsschwester seiner Mutter einen persönlichen Gruß überbringen zu lassen, weil die beiden sich möglicherweise nie mehr wiedersehen werden? Diese Nachricht haut mich völlig um. Ich bin kurz davor, das Routenvoting unverzüglich zu stoppen. Scheiß auf Demokratie – ich will Diktator sein! Ich möchte bestimmen, dass es in Nordamerika nicht nach Hawaii oder Havanna oder Alaska geht, sondern einzig und allein nach Richmond, Virginia. Ich habe diese Regel selbst aufgestellt und könnte sie ganz einfach wieder abschaffen, um Andreas seinen Wunsch zu erfüllen. Was ich letztlich nicht tue, da es den anderen gegenüber unfair wäre. Trotzdem: Mit Herzensangelegenheiten hatte ich zu diesem Zeitpunkt der Reisevorbereitungen nun wirklich nicht gerechnet.

Knapp 500 Stimmen zähle ich nach der Votingwoche, die auf über 180 verschiedene Orte verteilt wurden. Unter den am häufigsten genannten Reisezielen sind Santiago de Chile und Quito, San Francisco und Vancouver, Fidschi und – tatsächlich! – Papua-Neuguinea, Luang Prabang und Singapur, Marrakesch und Madagaskar. Aber gewonnen haben all diese Orte nicht. Sie wurden – teilweise knapp, teilweise deutlich – von diesen fünf Sehnsuchtsorten geschlagen, die meiner Reise um die Welt nun ein Gesicht geben werden:

Lima – Las Vegas – Auckland – Kathmandu – Kapstadt

Was für ein irrer Mix! Ich zähle mehrmals nach, ob ich mich auch ja nicht verrechnet habe. Doch am Ende komme ich immer wieder auf diese Reiseroute. Lima? Noch so ein Ort, von dem ich keinerlei Vorstellung habe. Auckland? Hat es also wirklich an die Spitze geschafft. Kathmandu? Wie abgefahren! Von all den spannenden Zielen in Asien, ob Indien oder die arabische Welt, Thailand, China oder Japan, wird es ausgerechnet die Hauptstadt Nepals? Ich bin total aus dem Häuschen. Niemals hätte ich das Land am Himalaya in die engere Auswahl genommen – und bin umso begeisterter, dass es jetzt so gekommen ist. Der einzige echte Klassiker ist in meinen Augen Kapstadt. Das ist einfach *die* Stadt auf dem afrikanischen Kontinent, obwohl sie sich im Voting gegen Madagaskar, Marrakesch und Sansibar doch lange Zeit sehr schwergetan hat. Las Vegas wird der einzige Ort auf meiner

Reise sein, den ich schon einmal besucht habe. 2008, meine erste große Reise außerhalb Europas. Ich hatte bereits vermutet, dass das Kasinoparadies unter den Finalisten sein würde. »Da gehörst du einfach hin«, kommentierte Johannes zu Las Vegas. Alex meint, ich solle dort mal mein »Entertainment-Talent gebührend unter Beweis stellen«, und andere gehen sogar so weit, mich als »Rampensau« zu bezeichnen, der es doch wohl möglich sein sollte, dort »eine kleine Showeinlage hinzulegen«.

Wie auch immer letztlich alles kommen wird – eine spannendere und gleichzeitig ungewöhnlichere Route hätte ich mir nicht wünschen können.

13. August 2014,
zwei Monate vor Abreise

Mit dem Ortsvoting ist die Interaktivität in der Vorbereitungsphase noch nicht vorbei, auch meine Unternehmungen lasse ich fremdbestimmen.

**VIDEO: Die Aufgaben**

»Stellt mir Aufgaben!«, rief ich hinaus ins Internet. »Wer weiß was? Wer kennt wen? Wer hat mal gehört, dass…?« Zusammen können wir das hier alles viel spannender machen. Jeder, der eine Assoziation zu einem der fünf Orte hat, bekommt die Möglichkeit, sich zu melden und so Mitglied des offenen Inhaltskomitees zu werden. Hier ist das Murmelprinzip ganz einfach: Je mehr Murmeln im Glas, desto mehr Murmeln im Glas.

Das Glas und die Murmeln werden in den nächsten Wochen entscheiden, wie tief diese Reise gehen wird. Soll es ein adrenalinreicher Spaßtrip um die Welt werden? Oder soll es mehr sein? Soll es darum gehen, fünf Orte durch Langstreckenflüge miteinander zu verbinden? Oder darum, Menschen miteinander zu verbinden? Zehn Tage sind wahnsinnig kurz, für einige Menschen sogar sinnlos kurz. Aber kommt es nicht viel mehr darauf an, womit man seine Zeit verbringt, als darauf, wie viel Zeit man hat? Egal ob zu Hause oder auf Reisen – das gilt fürs Leben generell. 24 Stunden können ganz schnell verschwendet sein. Oder damit verbracht, sich über blöde Dinge aufzuregen, die passiert sind, anstatt tolle Dinge zu tun, die nicht passiert sind, weil man sich lieber aufgeregt hat. In 24 Stunden passen Fallschirmsprünge und Surfabenteuer, Konzertbesuche und Shoppingbummel, Fußballspiele in den Gassen der Altstadt und ein kaltes Bier zum Sonnenuntergang. In 24 Stunden kann man Menschen seine Hilfe anbieten, Gespräche führen und jemandem einen schönen Tag bereiten. Ist das nicht schön? Unsere Zeit ist begrenzt, nicht aber die Möglichkeiten. Ich möchte aus dem Schönsten und Lustigsten, dem Aufregendsten und Berührendsten, was die Welt zu bieten hat, ein kurvenreiches Zehntagekleid schneidern und sie dort hineinstecken. Während sie es trägt, wird sie sich zehnmal um sich selbst drehen, so dass wir von allen Seiten schauen können, wie hübsch sie darin aussieht.

Schnell wird klar, dass es der Mix aus Spaß und Verantwortung ist, den sich meine Follower in ihren Aufgabenvorschlägen wünschen. Einige wollen, dass ich mich zum Affen mache, eklige Dinge esse oder irgendwo runterspringe und dabei eine doofe Grimasse schneide. In Lima solle ich ein Alpaka scheren, in Las Vegas jemanden heiraten, den ich noch nicht länger als zwei Stunden kenne. In Auckland würde der Bungeesprung von der Harbour Bridge auf mich warten und in Kathmandu der Versuch, auf dem berühmten Affentempel einen Keks zu essen, in Kapstadt soll ich Straßenmusiker sein. Andere wünschen sich, dass ich meinen Kasinogewinn in Las Vegas einem Bedürftigen spende, oder schreiben zu Kathmandu und Kapstadt schlicht: »Tue etwas Gutes!«

Ich sauge sämtliche Vorschläge auf und schreibe sie auf meine Liste. Auch hier zeigt sich wieder, dass die Gruppe zu viel mehr imstande ist als der Einzelne. So bekomme ich von Boris zum Beispiel den Kontakt zu einem Schamanen, der in Nepal lehrt und ausbildet – sollte ich an Schamanismus interessiert sein. War ich bisher nicht sonderlich, nein. Aber hey, warum denn nicht? Von Philipp und Sven werde ich auf die Underground City von Las Vegas aufmerksam gemacht, ein Kanalsystem, in dem Tausende Obdachlose die andere Seite der schillernden Metropole erleben. Und Kerstin wünscht sich, dass ich ihrer sechzehnjährigen Tochter ein Glas Nutella mit nach Auckland bringe – das würde sie dort während ihres Austauschjahres am meisten vermissen. Es wird noch einige Wochen dauern, bis ich sämtliche Ideen sondiert und überlegt habe, was davon tatsächlich machbar wäre und wo meine persönlichen Grenzen liegen.

Zunächst aber suche ich nach passenden Flugverbindungen. Vielen Zweiflern scheine ich nämlich überhaupt erst einmal beweisen zu müssen, dass es tatsächlich möglich ist, in zehn Tagen um die Welt zu fliegen. Alles eine Frage der Organisation. Sämtliche Flüge müssen über Nacht gehen, damit ich keine Zeit in Hotelbetten verschwende.

Nach zwei Tagen habe ich ein Ergebnis: Am 12. Oktober geht es abends ab Frankfurt über Madrid nach Lima, wo ich morgens ankomme. Aufenthalt: achtzehn Stunden. Um Mitternacht fliege ich über Houston weiter nach Las Vegas. Landung am nächsten Vormittag. Aufenthalt: 28 Stunden.

Über Los Angeles geht es nach Auckland, wo ich mit sagenhaften 42 Stunden meinen längsten Aufenthalt genießen werde, bevor ich anschließend via Singapur für 30 Stunden nach Kathmandu fliege. Ebenfalls 30 Stunden Zeit habe ich in Kapstadt, das ich über Delhi und Dubai erreiche. Am Abend des zehnten Tages fliege ich schließlich über Nacht zurück nach Frankfurt. Kostenpunkt: 3.644,72 Euro. Zugegeben: Für einen zehntägigen Urlaub ist das erst mal viel Geld. Aber für eine Weltreise – quasi ein Schnäppchen, oder?

Das klingt alles erst einmal nach sehr viel Stress und sehr wenig Schlaf, nach einem sehr großen Hirngespinst und sehr kleinem Spaßfaktor. Aber genau das macht einen großen Reiz für mich aus: meine körperlichen Grenzen austesten und herausfinden, was sich bei dieser Reizüberflutung und dem Meer an Eindrücken in meiner Erinnerung festsetzen wird. Was werden die bleibenden Momente sein? Wie werde ich mental mit dieser Reise klarkommen? Und wann sagt mein Körper möglicherweise, dass er eine Pause braucht?

Um diesen Moment möglichst weit hinauszuzögern und meinen Körper und Geist vor dem Trip zu stählen, werde ich mich in den nächsten Tagen ein wenig um mich selbst kümmern.

12. September 2014,
(genau) ein Monat vor Abreise

»Haben Sie sich schon mal selbst eine Spritze gegeben?«, fragt Doktor Bittert.

»Ähm, öh … was?«, kontere ich äußerst schlagfertig und muss die Gänsehaut abschütteln, die meinen Rücken hochkriecht.

»Das ist ganz einfach: Bauchfalte nehmen, Spritze im 45-Grad-Winkel ansetzen und rein damit.«

Ich hatte mir den Besuch bei meinem Hausarzt irgendwie etwas entspannter vorgestellt. In etwa so: »Doktor Bittert, ich werde in einem Monat auf Weltreise gehen. Was muss ich dabei beachten?«

»Och, nix weiter. Gute Reise!«

Aufgrund der Strapazen – viele Flüge, lange Flüge, viele Erlebnisse, wenig Schlaf, verschiedene Klimazonen, der unendliche Jetlag – wollte ich mir von meinem medizinischen Vertrauensmann eigentlich nur kurz die Bestätigung abholen, dass meine Thromboseangst völlig unbegründet ist und ich mich lieber mal entspannen soll. Stattdessen schiebt Doktor Bittert seine Lesebrille noch ein Stückchen weiter zur Nasenspitze. »Gesunde Menschen müssen sich im Normalfall nicht vor einer Thrombose fürchten, wenn sie einen Langstreckenflug antreten, weil sie sich am Reiseziel in der Regel ein paar Wochen die Beine vertreten können, bevor sie sich auf den Rückflug begeben«, erklärt er ruhig. Ich nicke. »Das ist bei Ihnen ein wenig anders. Wie lange werden Sie denn im Flugzeug sitzen?«

»Nun, zehn Tage haben ja bekanntlich 240 Stunden«,

rechne ich ihm stolz vor. »Davon werde ich gut 90 im Flieger sitzen.«

»Oh, das ist nicht ohne.«

Pause.

»Wissen Sie«, setzt Doktor Bittert schließlich an, »das Problem auf langen Flügen ist die über lange Zeit angewinkelte Haltung der Beine. Die Venen bekommen mit der Zeit Schwierigkeiten, das Blut wieder aus den Beinen herauszutransportieren. So kann es zum Blutstau und zur Blutgerinnung kommen. Tatütata, die Thrombose ist da!«

Was man vorsorglich dagegen tun könne, sei das, was der Volksmund Anti-Thrombose-Spritze nennt.

»Ach, und das ist dann diese 45-Grad-Geschichte, ja?«, werfe ich ein. Doktor Bittert nickt. Ich schüttele den Kopf. »Nein, bitte. Das möchte ich wirklich nicht. Welche Alternativen gibt es?« Jetzt schüttelt auch Doktor Bittert den Kopf, und es ist beinahe ein Lächeln zu erkennen.

»Nein, ich denke auch nicht, dass die Spritze nötig sein wird«, lauten seine erlösenden Worte. »Die Alternative ist, dass Sie sich vor jedem Flug eine Aspirin 500 einwerfen. Die verdünnt das Blut für 24 Stunden, so dass es auch durch angewinkelte Beine zirkulieren kann.« Jetzt entspannen sich auch meine Gesichtszüge. Damit bin ich einverstanden.

Was Doktor Bittert noch vorschlägt, ist eine Typhusimpfung: »Gerade in Ländern wie Nepal kann es im Darmgebälk ja durchaus mal rumpeln. Mit Typhoral haben Sie im Normalfall Ruhe.«

»Spritze?«, erkundige ich mich mit zusammengezogenen Augenbrauen. Keine Ahnung, warum ich vor diesen kleinen Dingern so viel Angst habe. Das war schon immer so. Sobald mir eine Spritze zu nahe kommt, werde ich zum Vierjährigen. Selbst Blutabnehmen ist ein Horror für mich.

»Nein, das ist eine dreiteilige Schluckimpfung, die Sie spätestens zehn Tage vor Reisebeginn abgeschlossen haben müssen«, sagt Doktor Bittert und rettet mir endgültig den Tag.

Ich verlasse die Praxis beruhigt, aber das Thema beschäftigt mich weiter. Was ist, wenn sich auf der Reise meine Gesundheit verabschiedet? Klar, es ist auch in jedem normalen Urlaub blöd, krank zu werden. Aber auf dieser durchgetakteten Reise darf wirklich nichts schiefgehen. Ich werde im Zweitagesrhythmus Temperaturwechsel von fünfzehn Grad in Lima und Auckland bis 30 Grad in Las Vegas, Kathmandu und Kapstadt haben und dazwischen stundenlang in der trockenen Klimaanlagenluft von Flugzeugen sitzen, durch die die Bazillen der Mitreisenden gepustet werden. Ich werde an allen Orten viel Programm haben, um so viele Aufgaben wie möglich zu erledigen. Wer mehrere Monate auf Weltreise ist und sich mal hier einen Magen-Darm-Infekt, mal dort eine Erkältung einfängt, kann einfach eine Pause einlegen. Ich kann das nicht. Ich würde mit Pauken und Thrombose nach Hause segeln – oder wie dieses Sprichwort noch mal geht. Deshalb versuche ich, meinem Immunsystem zwei Wochen vor Abreise ein dickes Fell zu verpassen: Äpfel, Kiwis und literweise frisch gepresste Säfte sollen die fiesen Erreger in die Flucht schlagen. Man tut ja, was man kann.

Zwei Tage bevor es losgeht, sitze ich abends mit meiner Frau Katrin auf dem Sofa. Wir haben gerade angefangen, die dritte Staffel von »Breaking Bad« zu gucken. Ein komischer

Gedanke, eine Serie zu unterbrechen, weil man dazwischen mal kurz auf Weltreise geht. Ich laufe noch schnell in die Küche, um mir einen Vitaminsnack zu holen. Autsch! Plötzlich spüre ich einen stechenden Schmerz in der Leistengegend. Nicht zum Jaulen schlimm, aber doch so, dass da etwas nicht normal sein kann. Bilde ich mir das jetzt ein? An mir kann doch jetzt zwei Tage vor #10Tage nichts mehr kaputtgehen!

Am nächsten Morgen sind die Schmerzen noch immer da. Leider ist Samstag. Das heißt, die einzige Möglichkeit, mich untersuchen zu lassen, ist die Notfallpraxis im Städtischen Krankenhaus, wo an Wochenenden ja zum Glück nie etwas los ist. Soll ich darauf vertrauen, dass ich meinen hypochondrischen Anwandlungen nicht trauen kann? Oder mich doch vorsichtshalber einem Arzt anvertrauen?

Fast zwei Stunden lang sitze ich mit etwa 30 anderen Wartenden auf dem kahlen Krankenhausgang, anstatt den letzten Samstag gemeinsam mit meiner Familie zu verbringen. Irgendwann das erlösende »Christoph Karrasch, bitte!«.

Doktor Hauser begrüßt mich per Handschlag und mit den Worten: »Na, wollen Sie sich vor Ihrer verrückten Abenteuerreise noch mal durchchecken lassen?« Ich gucke ihn mit großen Augen an. Woher …? »Steht doch heute in den *Kieler Nachrichten.*« Ach Gott. Vor zwei Wochen hatte mich jemand von den *KN* besucht, um ein Porträt über das #10Tage-Projekt zu schreiben. Ich hatte vergessen, dass der Artikel für heute geplant war. Na toll! Heute Morgen galt ich am Frühstückstisch der Hausers noch als »verrückter Abenteurer« – und jetzt liege ich nackig vor Papa Hauser und zeige ihm mein Aua. Läuft ja.

»Ihre Blase ist ganz schön voll, das merken Sie bestimmt«, sagt der Arzt, während er mit einem Ultraschallkopf über meinen Bauch fährt.

»Ja«, antworte ich verschämt. »Ich muss auch tierisch, wollte aber meinen Aufruf nicht verpassen.«

Dann reden wir übers Reisen. Wie sich herausstellt, ist Doktor Hauser selbst ein Abenteurer, der gern ungewöhnliche Ecken der Welt bereist. Im Sommer war er im Osten der Türkei unterwegs, in dem Landstrich nahe Syrien und dem Irak, vor dem das Auswärtige Amt zurzeit so ausdrücklich warnt. »Aber laut Auswärtigem Amt darf man ja sowieso nirgends mehr hinreisen«, sagt er entschlossen. »Wie gefährlich wird's denn bei Ihnen?«

»Ich denke, gar nicht«, antworte ich, zähle ihm meine fünf Stopps auf und bin einmal mehr froh, dass ich bei der Abstimmung mit den vermeintlichen Krisengebieten unseres Planeten verschont wurde. Denn: Was ist noch schlimmer als Unterleibsschmerzen? Richtig: Unterleibsschmerzen im Kanonenhagel. Währenddessen drückt Doktor Hauser weiter auf mir herum.

Woher die Schmerzen nun kommen? Die gute Nachricht: Ich habe sie mir nicht eingebildet. Die schlechte: Ich habe sie mir nicht eingebildet. Als Doktor Hauser erklärt, dass die Symptome aus dem Rücken kommen, wird mir alles klar. Ich habe eine instabile Lendenwirbelsäule, schon immer. Das bedeutet Rückenschmerzen, die ich aber durch regelmäßiges Training ganz gut in Schach halten kann.

»Sie sind im Lendenwirbelbereich stark verspannt«, erklärt er. »Dadurch sind Ihre Nerven zurzeit strapaziert. Und einige davon strahlen in die Leistengegend aus.« Seine Lösungsvorschläge: 1. Schmerzmittel nehmen, um die Symptome zu lindern und eine ungesunde Schonhaltung des Körpers zu vermeiden. 2. Wärme, um die Verspannungen zu lösen. Und 3. möglichst viel stehen, gehen oder liegen. Klasse, denke ich. Das sind ja phantastische Voraussetzungen für eine Reise, die zu großen Teilen im Sitzen stattfinden wird. Dann kann es ja losgehen.

# #TAG1

## VON **KIEL**
## NACH **LIMA**

### Sinne schärfen,
### Sinne lahmlegen

Eine Reise, tausend Meilen lang, mit dem ersten Schritt fing sie an.« Laotse hat sicherlich keine Reise im wörtlichen Sinne gemeint, als er sich dieses kluge Sprichwort ausdachte. Vielmehr habe ich den Satz des chinesischen Philosophen immer so verstanden, dass man erst einmal anfangen muss, um eine Chance zu haben, sein Ziel zu erreichen. Egal, was man schaffen möchte: in einem großen Haus wohnen, Chef werden, abwaschen. Und doch nehme ich ihn beim Wort, als ich am Kieler Hauptbahnhof auf meinen Zug nach Frankfurt warte. Der Gedanke, dass die ersten kleinen Schritte dieser riesengroßen Reise schon getan sind, ist ziemlich überwältigend. Ich werde ab jetzt zehn Tage am Stück in Bewegung sein und erst hier wieder anhalten.

Meine Schmerzen vom Vortag sind wie weggeblasen, und ich merke, wie meine Sinne geschärft sind. Das muss ein Adrenalinrausch sein, der gerade durch meinen Körper fegt. Die Geräusche sind lauter, die Farben bunter, der Kaffee am Bahnsteig riecht intensiver. Ab jetzt will ich keinen Moment mehr verpassen, ich möchte mich später an jedes kleinste Detail der Reise erinnern können. Mein Gehirn läuft auf 8.000 Umdrehungen pro Minute.

Übrigens bin ich nicht allein. Einige Wochen vor Abreise

ergab sich, dass mich der Filmproduzent Thomas Niemann begleiten wird. Ich habe ihn bei einer Veranstaltung in Leipzig kennengelernt, und er fand die Idee so spannend, dass er darüber eine Dokumentation drehen möchte.

»Wirst du nach dem Trip denn wirklich ein echter Weltreisender sein?«, fragt er, als wir auf unseren Zug warten. »Du tauchst ja nur jeweils für einen Tag in fünf wahllose Orte ein. Kann man da wirklich von einer Weltreise sprechen?«

Darüber muss ich erst einmal nachdenken. Bisher war ich nicht darüber gestolpert, dass mein Vorhaben eventuell keine Weltreise sein könnte, nur weil ich nicht die ganze Welt bereise. »Wenn das die Definition einer Weltreise ist, hast du sehr wahrscheinlich recht«, antworte ich schließlich. »Aber das trifft dann ja auf keinen Weltreisenden zu. Niemand, der sich auf Weltreise begibt, wird jemals alles sehen.« Und schon sind wir wieder bei Laotse, erst einmal anfangen.

Im Zug wird es eng. Ganz Deutschland scheint heute auf den Beinen (und Schienen) zu sein. Wir quetschen uns durch die zugestellten Gänge und steigen über resignierte Anzugträger am Boden, bis wir unsere Plätze finden. Rechts neben mir sitzt ein Mann mit Übergepäck.

»Mtscha«, schmatzt er seiner Frau einen Kuss ins Telefon, zweimal. Er sei jetzt wieder auf dem Weg nach Frankfurt und habe eine Überraschung für sie. Dann kichert er so doll, dass seine Schultern zu hüpfen beginnen, und macht noch einmal: »Mtscha«. Sein 30-Kilo-Koffer wird mir in den nächsten Stunden als Armlehne dienen, vor seinen und meinen Beinen steht ein 68,6-Zoll-Monitor, originalverpackt, wahrscheinlich die Überraschung. Eine super Idee, damit in einen überfüllten Zug zu steigen, denke ich. Auf der anderen Seite: Konnte er ja vorher auch nicht wissen.

»Den hab ich spontan gekauft«, sagt der graue Mittfünfziger stolz. Er sei im Norden auf Dienstreise gewesen, und jetzt gehe es zurück nach Hessen, wo seine Frau sicher große Augen machen werde. »Ich bringe von meinen Reisen immer irgendwas mit. Das bringt sie zum Verzweifeln. Neulich habe ich sogar eine neue Taucherflasche gekauft und im Zug transportiert.« Dann fängt er wieder sehr doll zu kichern an, und ich muss mitlachen. Da kann ich mich mit dem Monitor ja noch glücklich schätzen.

Mein Koffer ist im Vergleich dazu übrigens ziemlich platzsparend. Ich reise ausschließlich mit Handgepäck, weil ich keine Minute der 240 Stunden mit Warten an Gepäckbändern verplempern, sondern mich an jedem neuen Ort direkt ins Abenteuer stürzen will. Und: Was braucht man denn schon für zehn Tage?

**VIDEO: Zehn Dinge für #10Tage**

Am Frankfurter Flughafen angekommen, muss ich vor dem Boarding unbedingt noch einmal ins Internet. Das soll ja nicht nur die kürzeste, sondern auch die interaktivste Weltreise der Welt werden. Ich möchte die Menschen, die die Route für mich bestimmt haben, auch unterwegs an dem Trip teilhaben lassen. Sie sollen live dabei sein, während ich von einem Kontinent zum nächsten hopse und dabei die von ihnen gestellten Aufgaben erledige. Aus allen Vorschlägen, die für die einzelnen Ziele eingereicht wurden, habe ich mir im Vorfeld jeweils zwei Herausforderungen als mögliche Hauptaufgaben ausgesucht, die ich zum Voting stelle, während ich im Flieger sitze. Nach meiner Ankunft sehe ich dann das Ergebnis und kann mich an die Erfüllung der gewählten Aufgabe machen.

Für Lima stelle ich folgende Vorschläge zur Diskussion:

**A: Was bei uns das Hähnchen ist, ist in Peru das Meerschweinchen: Grundnahrungsmittel auf Fleischbasis. Überwinde dich und probiere eines dieser flauschigen, äh … knusprigen Tiere!**

**B: Wenn du in Lima landest, ist es noch stockfinstere Nacht. Zeige uns die Stadt bei Tageslicht noch mal von oben: beim schwindelerregenden Paragliding über der Steilküste am Pazifik.**

Um kurz nach sieben heben wir Richtung Madrid ab. Als das Flugzeug den Boden verlässt, starte ich meine Stoppuhr. Ab jetzt laufen zehn Tage. 240 Stunden. 14.400 Minuten. 864.000 Sekunden, Augenblicke, Momente, bis ich erneut deutschen Boden unter den Rädern und die Weltumrundung geschafft haben werde.

In Madrid wechseln wir das Terminal mit der Flughafenbahn und erfahren am Gate für den Weiterflug, dass unser Flieger nach Lima Verspätung hat. Mehr sagt man uns nicht. Das beschert mir einen Schweißausbruch. Ich hatte eine ähnliche Situation mal in Panama: stundenlang keine Informationen – bis der Flug schließlich gecancelt wurde. Mir schießt durch den Kopf, was wäre, wenn das heute wieder passieren würde. Lima ist mit achtzehn Stunden Aufenthalt der kürzeste Stopp. Ich sitze über Nacht im Flieger, lande morgens in Lima, verbringe den Tag in der Stadt und steige spätabends in das nächste Flugzeug nach Las Vegas. Sollte dieser Flug nun ausfallen, würde ich den Anschluss in die USA verpassen und könnte im Prinzip direkt wieder nach Hause fliegen.

Wir machen uns auf die Suche nach etwas Essbarem. Ich komme etwas ernüchtert zurück, weil es inzwischen kurz vor Mitternacht ist und die meisten Shops schon geschlossen haben. Alles, was ich noch abgreifen konnte, war ein Trockenstaubsandwich von *Starbucks*. Thomas taucht unterdessen mit einem üppig bunten Salatteller wieder auf. »Dahinten ist so eine tolle Salatbar«, sagt er unschuldig, und ich beschließe, unsere Versorgung ab sofort in seine Hände zu legen.

Ich spüre ein leichtes Halskratzen, das ich aber schnell wieder vergessen habe, als eine Durchsage kommt: »Flight LA2707 to Lima is now ready for boarding.« Ich atme erleichtert auf.

Mit einer Stunde Verspätung setzt sich das Flugzeug endlich in Bewegung. Es ist weit nach Mitternacht, als ich mich langsam für die Nacht einrichte. Die Flugzeit beträgt zwölf Stunden, ich werde also genügend Zeit haben, um ein bisschen Ruhe zu finden. Eine gute Portion Schlaf im Flugzeug ist bei dieser Reise überlebenswichtig. Sechs der zehn Nächte werde ich im Flieger – heißt: im Sitzen – verbringen. Umso wichtiger ist es, dass ich es zwischendurch schaffe, meine geschärften Sinne lahmzulegen.

Ich habe mich über die Jahre an das Schlafen im Flieger gewöhnt – und meine Vorbereitung dahingehend perfektioniert. Normalerweise reise ich ausschließlich in Jogginghose, weil Jeansnieten und Gürtelschnallen beim Schlafen eher stören. Darauf habe ich aus Gepäckgründen diesmal verzichtet. Es durfte nur eine lange Hose mit, ich wollte aber dann doch nicht zehn Tage lang in Jogginghose herumlaufen. Deshalb ist es die Jeans geworden. Was aber auf jeden Fall dabei sein muss, sind Nackenkissen, Ohrstöpsel und Schlafbrille. Nichts bringt mich leichter aus dem Schlaf als Geräusche oder Lichtveränderungen, die durch meine geschlossenen Lider dringen. Ja, nennt mich ruhig eine Diva, aber einen unausgeschlafenen Morgenmuffel auf Weltreise kann ja nun wirklich keiner gebrauchen.

Siebeneinhalb Stunden später öffne ich meine Augen und stelle fest, dass ich den Umständen entsprechend phantastisch geschlafen habe. Leider ist mein Halskratzen über Nacht schlimmer geworden. Zum Frühstück lasse ich auf dem Bildschirm im Vordersitz »Grand Budapest Hotel« laufen, kann mich aber überhaupt nicht auf den Film konzentrieren.

Mir schwirrt Südamerika im Kopf herum, während die

Sonne hinterm Fenster langsam aufgeht. Ab und zu erlaubt die dicke Wolkendecke einen Blick auf die mächtigen Amazonas-Wälder. Grünbraune Flussarme winden sich wie Schlangen am Boden. Dann ragen die ersten schneebedeckten Anden-Spitzen vor uns in den Himmel.

Es wird mein erstes Mal Südamerika sein, der letzte Kontinent auf meiner Weltkarte, den ich noch nie betreten habe – von der Antarktis natürlich abgesehen. Die anderen Kontinente hatten sich mit der Zeit durch Aufträge für Reportagen ergeben: hier ein bisschen Thailand, da ein bisschen Singapur, dort etwas Japan. So bekam ich langsam eine Ahnung von Asien. Das gleiche Spiel mit Afrika: Recherchen in Äthiopien und auf den Seychellen, in Namibia und Südafrika formten ein Bild, durch das ich Afrika in Teilen einzuschätzen lernte. Aber in Südamerika stehe ich noch ganz am Anfang. Ich hätte nicht sagen können, wo ich als Erstes hinreisen würde, wenn ich könnte – weil mich diese riesige, unbekannte Landmasse überfordert. Aber die Entscheidung wurde mir jetzt ja abgenommen – obwohl ich hätte schwören können, dass Rio de Janeiro in der Abstimmung das Rennen macht. Die Stadt kam lediglich auf Platz vier, punktgleich mit Buenos Aires. Lima ist für mich eine absolute Überraschung. Was weiß man schon darüber? Zu Rio hat sofort jeder Bilder im Kopf: Samba und Favelas, Zuckerhut und Jesus, Copacabana und Fußball. Aber so kurz nach dem Ende der Fußballweltmeisterschaft in Brasilien gab es einfach eine Rio-Müdigkeit bei uns allen. Vielleicht durfte die Stadt bei meiner Weltreise nicht mitspielen, weil wir erst einmal eine Pause von ihr brauchten. Ist nicht schlimm. Der nächste Rio-Boom wird nicht lange auf sich warten lassen. Die Olympischen Sommerspiele 2016 kommen schließlich bald.

Draußen ist es grau und trist, als das Flugzeug mit einer Verspätung von 40 Minuten auf der Landebahn aufsetzt. Mir bleiben 17 Stunden und 20 Minuten, um herauszufinden, was Lima zum Gewinner auf diesem Kontinent macht.

# #TAG2

## IN LIMA

### Save the Guinea Pig

Am Schalter schauen müde Augen in müde Augen. Gegrüßt werde ich von der Grenzbeamtin nicht, obwohl ich ihr mein freundlichstes »Buenos Días« entgegenschmettere. Wortlos drückt sie mir ihren »Admitido«-Stempel in den Pass. Ich kann sie verstehen. Jeden Morgen ab sechs Uhr hier zu sitzen und Papier zu stempeln, würde mir auch nicht gefallen.

Dann geht es zur Toilette: Katzenwäsche und Zähne putzen. Ein kurzer Peruaner wischt den Boden um mich herum, hinten in der Kabine klingt es, als hätte jemand das Bordmenü nicht so gut vertragen. Eine Umgebung, an die ich mich gewöhnen muss. Nach einer ausgiebigen Deodusche geht es zur Gepäckaufbewahrung im Ankunftsterminal. Dann noch Geld wechseln, Kaffee kaufen und endlich raus aus dem Flughafen an die frische Luft.

Moment, frische Luft?

Davon gibt es in Lima angeblich nicht allzu viel. Die Stadt hat die schlechtesten Feinstaubwerte in ganz Lateinamerika, sagt man. Davon merke ich zunächst nicht viel. Es ist ein kühler Morgen, die Luft fühlt sich für meinen kratzenden Hals sogar einen Tick zu frisch an. Ich ziehe die Kapuze meines Pullis über den Kopf. Wenige Minuten später lerne ich dann, dass an der Feinstaubtheorie doch was dran sein muss. Lima hat ein unglaubliches Verkehrsproblem.

Unser Taxifahrer heißt Luis, er klappert die üblichen Höflichkeitsfragen ab. Name? Herkunft? Erstes Mal in Peru? Wie lange bleibt ihr? Bei meiner Antwort auf die letzte Frage bricht das Gespräch abrupt ab. Ich vermute, Luis hält uns für verrückt. »Only for one day«, das kann ja nun wirklich nicht stimmen. Verunsichert lächelt er noch einmal in den Rückspiegel und dreht dann »Billy Jean« auf. Ich schaue aus dem Fenster.

Die Außenbezirke zwischen Flughafen und Innenstadt wirken schmuddelig, es wird viel gebaut. Und neben den Häusern, an denen gebaut wird, stehen Häuser, an denen dringend mal gebaut werden müsste. Wir kommen nur sehr langsam voran, oft stehen wir minutenlang. Es ist Rushhour, viele der knapp acht Millionen Einwohner sind auf ihrem Weg zur Arbeit. Riesige quietschbunte Linienbusse, vollgestopft mit Menschen, quälen sich vorwärts und müssen immer wieder halten, da sie alle naselang von kleineren Minibussen überholt werden. Die sogenannten Micros sowie unzählige Taxis drängeln und schlängeln sich in jede kleinste Lücke. Fahrbahnmarkierungen sind hier lediglich nett gemeinte Vorschläge.

Der Job des Taxifahrers ist in Lima seit einigen Jahren schwer angesagt. Eine hohe Arbeitslosigkeit und niedrige Löhne zwingen immer mehr gebildete Fachkräfte und Akademiker hinters Steuer. Ob Luis auch dazugehört, erfahre ich nicht. Allerdings gehört er ohne Frage zu den ruhigeren Teilchen in dieser zähfließenden Umgebung. Während es um uns herum lärmt und hupt, sitzt er ganz entspannt da und hält stillschweigend nach der nächsten Lücke Ausschau. Es wird langsam knapp, ich bin um halb neun am Plaza de Armas im Stadtzentrum verabredet. Wie lange es noch dauern würde, erkundige ich mich bei Luis, der vage mit der Hand wedelt und »soon« murmelt. Der erste Kulturclash der Reise. Denn was passiert, wenn ein Deutscher nach Lateinamerika kommt und sagt, er habe um halb neun einen Termin? Richtig, gar nichts. Als Luis das letzte Mal abbiegt und wir zehn Minuten zu spät an dem Platz im Stadtzentrum ankommen, ist meine Verabredung natürlich noch nicht da und die ganze Aufregung war umsonst.

Ich nutze die Wartezeit, um nach dem Ergebnis für meine Aufgabe zu gucken. Ich ziehe mein Smartphone aus der Tasche und suche nach einem freien Netzwerk. Angeblich soll es in Lima an vielen öffentlichen Plätzen kostenloses WLAN geben. Und tatsächlich: Nach ein paar Klicks trudeln ungelesene Mails in mein Postfach, Facebook kann ich allerdings nicht öffnen. Die Frage nach dem Meerschweinchen muss also noch etwas warten. Seit die Abstimmung online ist, habe ich viel darüber nachgedacht, ob ich so einen süßen kleinen Nager tatsächlich essen würde. Auf der einen Seite sagt mir meine Sozialisation, dass Meerschweinchen niedlich sind und als Haustiere in chaotischen Kinderzimmern gehalten werden, nicht in der Vorratskammer. Auf der anderen Seite aber bin ich hier sehr weit weg von zu Hause – in einer Kultur, in der jedes Jahr rund 65 Millionen Cuys gegessen werden. Hier haben die Nager einen ähnlichen Stellenwert wie bei uns die halben Hähnchen. Um die weint auch niemand, wenn dienstags der Gockelgrill vor dem Supermarkt parkt. Es ist ziemlich scheinheilig, dieser Esskultur gegenüber den Zeigefinger zu erheben und zu sagen: Das macht man aber nicht! Trotzdem komme ich nicht dagegen an, ich fühle mich nicht wohl bei der Vorstellung, mir heute so ein Tierchen braten zu lassen. Und außerdem macht Paragliding ja auch Spaß.

»Christoph?« Eine sanfte Stimme reißt mich aus meinen Gedanken. Vom anderen Ende des prächtigen Plaza de Armas, der mit Palmen und einem pompösen Brunnen geschmückt und von gelben Kolonialbauten gesäumt ist, kommt eine kleine Latina auf mich zu. Das muss Mila sein. Thomas und ich sind die einzigen Europäer weit und breit. Sie kann uns also nicht verfehlen. Mit beiden Händen hält sie meine rechte bei der Begrüßung fest und lässt sie eine ganze Weile nicht mehr los – für meinen Geschmack ein bisschen zu herzlich für eine erste Begegnung. Aber was verstehe ich kühler Norddeutscher schon davon? Das hier ist Lateinamerika, die Wiege des Temperaments und der Herzlichkeit!

Leider mache ich die aufkeimende Romantik mit meiner ersten Frage direkt wieder zunichte: »Wo gibt es hier Internet?« Mila stutzt, überlegt kurz und führt uns dann in ein Café um die Ecke, das gerade erst aufmacht. Es ist neun Uhr. Noch fünfzehn Stunden.

Bei Sandwich, Orangensaft und Kaffee lernen wir uns kennen. Mila ist 28 und Stadtführerin, ich habe sie vorab übers Internet gebucht. Wer nur wenige Stunden in der Stadt ist und von A nach B will, um verschiedene Aufgaben zu erfüllen, sollte jemanden an seiner Seite haben, der sich auskennt.

Den Rest des Kennenlernens übernimmt Thomas, denn ich will jetzt wirklich endlich wissen, wie das Ergebnis der Lima-Abstimmung lautet.

»Meerschweinchen essen geht ja gar nicht!«

»Ganz klar das Meerschweinchen essen. Es soll doch eine Challenge sein!«

»Ich wäre für beides. Lass dir ein schönes Meerschweinchen braten, pack's in eine Tüte und verspeis es beim Paragliden.«

Meine Follower haben sich über Nacht in zwei Lager gespalten. Unter dem Aufruf versammeln sich jede Menge Kommentare, die unterschiedlicher nicht sein könnten. »Paragliding kannst du überall machen« sagen die einen, »Rette die Meersau« meinen die anderen. Der Hashtag #SaveTheGuineaPig erfreut sich großer Beliebtheit, aber dazwischen heißt es auch immer wieder: »Zieh dir den Nager rein!« Es hilft nichts, ich muss durchzählen.

Mit halbem Ohr höre ich, wie Thomas versucht, Mila zu erklären, dass wir vor wenigen Stunden in Lima gelandet sind und heute Nacht weiter nach Las Vegas fliegen.

»Aber in welchem Hotel seid ihr denn?«

»Nein, kein Hotel, der Flieger geht um Mitternacht.«

Mila zieht die Augenbrauen hoch. Das wird uns wohl noch häufiger passieren.

Die Tierfreunde haben gewonnen – deutlicher als vermutet. Insgesamt sind 73 Prozent aller Stimmen für den Aufgabenvorschlag von Steve, das Paragliding. Ich bin ein wenig erleichtert – und Thomas enttäuscht. »Ach, schade! Ich werd es trotzdem probieren, darauf kannst du dich verlassen«, sagt er.

»Na, ich ja vielleicht auch«, höre ich mich sagen und wundere mich über mich selbst. Neugier oder Angeberei? Na, mal sehen.

Ich habe aber definitiv Grenzen. Es gibt Dinge, die ich nicht machen möchte. Zum Beispiel gibt es hier im Land einen Froschsaft, der wegen seiner potenzsteigernden Wirkung auch »peruanisches Viagra« genannt wird. Um mir ein Bild davon zu machen, hatte ich mir im Internet ein Video von der Zubereitung dieses Getränks angeschaut. Darin sieht man eine junge Frau hinter ihrem Marktstand stehen. Sie füllt Honig, Vogeleier und weitere Zutaten in einen Mixer. Dann holt sie aus einem Aquarium einen lebendigen Frosch, den sie im Folgenden mit einiger Kraftanstrengung auseinanderreißt und ebenfalls in den Mixer wirft. Mir fiel es schon schwer, das Video bis zum Ende zu schauen. In echt möchte ich das wirklich nicht sehen – geschweige denn diesen Saft anschließend auch noch trinken. Kultur hin oder her.

Johannes hatte außerdem die Idee, ich könnte doch mal einer Ayahuasca-Zeremonie beiwohnen. Ich hatte nie davon gehört, dann aber herausgefunden, dass Ayahuasca auch Dschungeltee oder Indianerdroge genannt wird. Es ist ein Getränk, das aus der Rinde einer Amazonasliane und weiteren Pflanzen mit so lustigen Namen wie *Psychotria viridis* gebraut wird. Darin enthalten ist die bewusstseinsverändernde Substanz Dimethyltryptamin, kurz DMT. Im Laufe der Zeremonie trinkt man das Zeug und schwebt anschließend einige Stunden lang in einem Trancezustand mit bunten, heftigen Halluzinationen. Wörtlich übersetzt heißt Ayahuasca so viel wie »Rebe der Seele«, und das ist auch genau der Grund, warum indigene Amazonasvölker sich dieses Getränk vermutlich schon seit einigen Jahrtausenden reinziehen: Sie wollen mit ihrem Geist in eine Welt eintauchen, in der sie ihre eigene Seele zu sehen bekommen. In rituellen Zeremonien schauen sie gemeinsam in die Zukunft oder suchen nach Ursachen von Krankheiten in ihrer Gemeinde. Nebenwirkungen: Erbrechen und Durchfall.

Nun, es ist ganz und gar nicht so, dass ich Genussmitteln gegenüber grundsätzlich abgeneigt bin. Mir aber die Birne und den Verdauungstrakt wegzuballern, wenige Stunden bevor ich mich das nächste Mal ins Flugzeug setze (und dann auch noch in Richtung USA!), halte ich für eine nur bedingt kluge Idee. Das überlasse ich lieber den Weltreisenden, die sich zwischendurch auch mal einen amtlichen Katertag gönnen können.

Auf einem Spaziergang durch Centro Lima erfahre ich ein bisschen mehr über Mila. Sie ist nicht nur selbständiger Tourguide, sondern arbeitet nebenbei auch im Larco Museum, einem der schönsten der Stadt, wie sie sagt. Das Anwesen wurde auf einem präkolumbianischen Tempel erbaut und stellt 3.000 Jahre alte Artefakte aus Keramik und anderen Materialien aus.

Mila wirkt deutlich älter, als sie ist. Ich wundere mich etwas darüber, neben mir läuft eine sehr erwachsene Frau. Ja, das höre sie häufiger, sagt sie. Vielleicht hängt das mit ihrer Leidenschaft zusammen. »Ich habe manchmal das Gefühl, dass das Thema Geschichte mich sehr früh erwachsen gemacht hat.« Das war nicht immer so. Eine Zeitlang hat sie als Kellnerin auf einem Kreuzfahrtschiff in der Karibik gearbeitet. Sie war in Mexiko und Honduras und hat dort jede Nacht gefeiert. »Aber dann habe ich meine Arbeit, meine Geschichte, vermisst und bin zurückgekommen.«

Ich frage Mila nach ihrem Lieblingsort in Lima, und sie führt mich ohne zu zögern in das Kloster von San Francisco, in dem sie früher im Chor gesungen und ihre ersten Erfahrungen als Tourguide gesammelt hat.

»Hier suche ich gern Ruhe, wenn mir Lima mal wieder ein bisschen zu laut ist.« Der Verkehrslärm auf den Hauptstraßen ist wirklich kaum auszuhalten, die Stille im Kreuzgang des Klosters klingelt dagegen fast in den Ohren. In der Bibliothek stehen rund 25.000 antike Bücher, und was ich zu diesem Zeitpunkt noch nicht ahne: Das Kloster hat noch eine andere, ziemlich gruselige Sammlung.

Über eine schmale Treppe bringt Mila uns unter die Erde. In den Katakomben laufen wir an zahlreichen tiefen Gruben vorbei. Es ist sehr dunkel hier unten. Als sich meine Augen an das schummrige Licht gewöhnt haben, sehe ich, was sich in den Gruben befindet: Tausende von Knochen und Gebeinen. Einige Gruben sind bis obenhin mit Totenköpfen gefüllt.

»Das hier war früher einer der größten Friedhöfe in Lima«, erklärt Mila. »Hier liegen die Knochen von 25.000 Menschen. Schau mal hier.« Sie zeigt auf eine kreisrunde Steingrube, in der Schädel und Knochen zu einem geometrischen Muster zusammengelegt wurden. Allein in diesem Ensemble zähle ich knapp 250 Totenköpfe.

Ziemlich makaber, irgendwie – vor allem, weil die Mönche diesen Ort angeblich noch immer als Friedhof benutzen. Diese Information sei aber nicht für die Öffentlichkeit bestimmt, sagt Mila mit verschwörerischer Miene. Also pssst, ihr wisst das nicht von mir.

Trotz allem hat das Kloster eine sehr beruhigende Wirkung auf mich. Hier merke ich zum ersten Mal, wie sehr ich eigentlich unter Strom stehe. Wie mir die Zeit (noch vierzehn Stunden) und das, was ich an diesem Tag alles in Lima erleben möchte, im Nacken sitzen. Da tut so eine Oase der Stille sehr gut. Vielleicht sollte ich an jedem Stopp einen Ort der Ruhe suchen, um diese Momente bewusster erleben zu können. Den ersten habe ich soeben gefunden – im Obergeschoss wohlgemerkt, nicht da unten bei den Knochen.

Wir laufen durch eine Gasse von bunten, heruntergekommenen Kolonialhäusern mit hübschen Balkonen, als Mila plötzlich rechts abbiegt und uns bedeutet, ihr zu folgen. »Ich habe eine Idee«, ruft sie. Wir sind unverkennbar in einem Marktlabyrinth gelandet. Links und rechts von uns hängen Haken mit gerupften Gänsen und anderen gehäuteten Tieren, die man nicht mehr identifizieren kann. Ich rümpfe die Nase, weil es stellenweise arg nach totem Tier riecht. »Was ist?«, fragt Mila. »Gibt es so etwas in eurem Land nicht?« Doch, doch, antworte ich. Nur hat das Schlachtvieh bei uns in der Regel keinen Kopf und keine Extremitäten mehr.

Als wir den Spießrutenlauf durch das rohe Fleisch hinter uns gebracht haben, landen wir im nächsten Marktabschnitt, erkennbar an Käfigen, die sich entlang der Gänge stapeln. Wir sind in der Abteilung mit lebendigen Tieren gelandet. Mir schwant, was Mila vorhat. Ein paar Meter weiter hat sie den gesuchten Stand gefunden und wechselt ein paar Sätze mit der Verkäuferin, bis diese schließlich einen Pappkarton öffnet. Darin sitzen eine Handvoll weißer und schwarzer Meerschweinchen. »Wir könnten ja ein lebendiges Cuy kaufen. Und ihr entscheidet einfach später, ob ihr es essen wollt«, schlägt Mila vor. Thomas und ich gucken uns etwas verdutzt an. Ich muss schlucken.

Eine Minute später habe ich ein niedliches kleines Exemplar in Schwarz mit Knopfaugen auf dem Arm. »Und? Kannst du dir vorstellen, das zu essen?«, fragt Thomas. Ich wiederhole laut, was ich schon die ganze Zeit denke: »Ich weiß nicht. Das macht man hier ja nun mal so…« Und: Sollte man sich nicht viel eher fragen, wieso Meerschweinchen in Deutschland Haustiere sind?

Wir verschieben die Entscheidung über das Schicksal des Tieres auf später und nehmen es mit auf unseren Streifzug durch Lima – im offenen Karton mit ordentlich Grünzeug und Futterkörnern. Schließlich soll es auch was auf den Rippen haben. Wenn schon, denn schon. Dabei fällt Mila auf, dass das Tier noch keinen Namen hat: »Ich habe gerade nachgeschaut – es ist ein Mädchen. Wollen wir sie Sunny nennen?« Ich finde es zwar eher ungewöhnlich, meinem potentiellen Mittagessen einen Namen zu geben, aber hey, andere Länder, andere Sitten.

Apropos Essen: Die Angestellten des *Hotel Bolívar*, dem ältesten Grandhotel der Stadt, gucken nicht schlecht, als wir ihr Restaurant mit lebendigem Material betreten. Aber mit Sunny hat unser Besuch hier nichts zu tun. Vielmehr haben mir Lidia und einige weitere Follower aufgetragen, mir mal die anderen kulinarischen Köstlichkeiten Perus schmecken zu lassen: Ceviche und Pisco Sour. Und Mila weiß, dass es dafür kaum ein besseres Restaurant gibt.

Das erste Mal habe ich in Florida von Ceviche gehört. Ich war 2011 für ein Magazin an der Tampa Bay auf Recherche. Dort gibt es eine Restaurantkette namens *Ceviche Tapas Bar & Restaurant*. Mir war klar, dass sie einen hispanischen Hintergrund haben muss, zu dem Zeitpunkt wusste ich aber weder, dass Ceviche mehr als nur der Name dieses Etablissements ist, noch dass es irgendetwas mit Peru zu tun hat. Weltreisen macht klug!

»Ceviche ist roher Fisch, der mit Limettensaft mariniert wird«, beginnt Mila ihren Vortrag, nachdem uns der Kellner einen Teller zum Probieren gebracht hat. »Dazu kommen Salz, Chilischoten und Zwiebeln. Serviert wird das Ganze mit Mais und Süßkartoffeln.« Meine Zweifel, ob es eine gute Idee ist, rohen Fisch zu essen, wenn man noch neun Reisetage vor sich hat, werden zum Glück umgehend beseitigt. Ich lerne nämlich, dass der Limettensaft beim Fisch eine Art Garprozess in Gang setzt, und finde das ziemlich genial. Darüber hinaus bin ich leider – obwohl ich schon mein Leben lang esse – nur mäßig in der Lage, kulinarische Köstlichkeiten wie diese angemessen zu beschreiben. Deshalb bleibt mein Fazit: »Einfach und lecker!«

Das Gleiche gilt für Perus Nationalgetränk Pisco Sour, das übrigens durch das *Hotel Bolívar* international bekannt wurde. Wobei die Geschichte eigentlich woanders beginnt: Der Amerikaner Victor Vaughen Morris eröffnete 1916 in Lima *Morris' Bar*, die schnell zum Treffpunkt von Ausländern und bessergestellten Peruanern wurde. Angeblich liebte Morris es, mit seinen Spirituosen herumzuexperimentieren, und erfand Anfang der 1920er Jahre den Pisco Sour als Variante zum Whiskey Sour. Soweit die Geschichte überliefert ist, tat er nichts anderes, als Whiskey gegen den peruanischen Traubenschnaps Pisco einzutauschen und diesen wie gewohnt mit Limettensaft und Zucker zu mixen. Mit Erfolg! Seine kleine Bar florierte, und der Drink wurde zu *dem* Getränk in Lima. Nur leider rückte mit dem Erfolg auch die gastronomische Konkurrenz in seine unmittelbare Nähe. 1924 eröffnete das *Hotel Bolívar* und stibitzte die Machart seines Drinks, der inzwischen zusätzlich mit Eiweiß, Sirup und Angosturabitter verfeinert wurde, bis Morris 1929 Bankrott anmelden musste und wenige Monate später an einer Zirrhose starb. Armer Kerl. In den Folgejahren konnte das *Bolívar* Pisco Sour mit Hilfe von international berühmten Gästen auch über Lima hinaus etablieren und mixt ihn, so sagt man, noch immer genauso wie damals.

Heute Vormittag übernimmt den Job ein äußerst schüchterner junger Mann namens Eros. Vermutlich ist er gerade in der Ausbildung und hat noch nicht sehr viele Pisco Sour zubereitet. Eros wirkt sehr nervös. Mila erzählt mir unterdessen von den Kämpfen um das Getränk. Bis heute streiten sich Peru und Chile, wem der Pisco Sour denn nun eigentlich gehört. In Chile wurde angeblich schon in den 1870er Jahren ein ähnliches Getränk serviert – es gibt nur leider keine konkreten Aufzeichnungen darüber. Und für Mila steht fest: »Pisco Sour kommt natürlich aus Peru, wir haben sogar eine Stadt, die Pisco heißt.« Außerdem gebe es ja nicht ohne Grund jedes Jahr Anfang Februar einen offiziellen Nationalfeiertag zu Ehren des Getränks. Ich denke kurz darüber nach, ob Deutschland eigentlich einen offiziellen Bierfeiertag hat, und stelle Nachholbedarf fest.

Aus dem Augenwinkel sehe ich, wie Eros beim Abfüllen

des Limettensaftes kleckert, woraufhin er sich übermäßig entschuldigt. Meine Güte, wir scheinen ihn wirklich aufzuwühlen. Was wohl erst passieren würde, wenn plötzlich Ernest Hemingway, John Wayne oder Mick Jagger durch die Tür kämen? Sie alle waren nämlich schon zu Gast im *Bolívar*. Als letzte Amtshandlung träufelt er ohne Panne ein paar braune Tropfen Angosturabitter auf die weiße Schaumkrone und reicht uns schließlich zwei randvolle Gläser über den Tresen.

»¡Salud!«, sagt Mila.

»¡Salud!«

Im Folgenden verausgabe ich mich erneut an einer unnachahmlich präzisen Beschreibung des Geschmackserlebnisses. Es schmeckt frisch (sieh an) und sauer (ach!). Vor allem aber merke ich, dass die Zitronensäure meinen angeschlagenen Hals angreift. Der Pisco Sour kratzt ganz gemein an meinen Schleimhäuten. Zum ersten Mal kommt mir in den Sinn, dass ich mir vielleicht den einen oder anderen Gedanken zu meinem Gesundheitszustand machen sollte. Phase eins: Wir halten an einer Apotheke und kaufen ein paar Lutschpastillen. Besser als nichts.

Anschließend machen wir uns auf den Weg zu einer der historischen Stätten Limas, Huaca Pucllana. Wir werden sie laut Mila aber nicht wegen ihrer Geschichte besuchen, sondern um dort eine Aufgabe zu erfüllen. Mehr verrät sie nicht. Ich bin gespannt, was da auf mich zukommt. Während der Autofahrt holt Thomas Sunny aus ihrer Box. Sie hat sich offenbar ausreichend gestärkt, ihre Futterkörner sind fast verschwunden. Sunny hat einen lustigen Wirbel auf dem Kopf, der ihre Stirnhaare in alle Himmelsrichtungen schickt.

»Sie ist einfach nur süß«, seufze ich.

»Ich fühl mich in meine Kindheit zurückversetzt«, sagt Thomas nachdenklich. Sunny turnt auf seinen Armen herum. »Ich bin aber trotzdem ziemlich neugierig, wie Meerschwein so schmeckt.«

»Ich habe das vorher mal gegoogelt«, erzähle ich. »Es soll irgendwo zwischen Hühnchen und Kaninchen liegen.«

»Sie ist aber wirklich lieb, guck mal«, säuselt Thomas, als er Sunny auf seinen Rucksack setzt. Und als ob sie ihm das Gegenteil beweisen will, pinkelt sie im nächsten Moment auf den Rucksack. Kann ich verstehen. Ich wäre wahrscheinlich auch ziemlich sauer, wenn sich zwei Typen darüber unterhalten würden, wie ich wohl schmecke, während einer der beiden ganz scheinheilig mit mir spielt.

Gleich auf den ersten Blick ist zu erkennen, dass Huaca Pucllana einer der bedeutendsten historischen Orte in Lima sein muss. Kleinere Tempel und Bauten aus der Zeit vor den Inkas finden sich an mehreren Stellen in der Stadt. Aber hier, mitten im schicken Stadtteil Miraflores, von dessen Steilklippen am Pazifikufer später das Paragliding starten soll, erhebt sich diese riesige Pyramidenruine aus Lehm und Ton, die einen halben Kilometer lang ist und laut Mila vor rund 3.000 Jahren gebaut wurde. »Huaca« beziehungsweise »Wak'a« bedeutet auf Quechua, der Sprache der indigenen Andenbevölkerung, so viel wie Tempel oder heiliger Ort. »Pucllana« ist eine Herleitung von »Pucllay«, Spiel. Dies ist also der heilige Ort der Spiele gewesen.

Um die genaue Historie geht es Mila, der Historikerin, allerdings gar nicht. Sie führt uns durch das Labyrinth aus

Lehm und Ton, bis hinter der letzten Mauer ein Gehege zum Vorschein kommt, aus dem uns neugierig ein paar Langhälse anstarren.

»Ach, das Selfie!«, rufe ich und muss laut lachen. Ich hatte Mila vor meiner Ankunft eine Liste mit meinen Aufgaben geschickt. Darunter war auch der Wunsch von Gesa, ich solle unbedingt ein Selfie mit einem Alpaka in Machu Picchu machen.

»Huaca Pucllana ist zwar nicht Machu Picchu, aber auch eine historische Stätte mit Alpakas«, sagt Mila und grinst dabei.

Die Zotteltiere gehören zu den höckerlosen Kamelarten – genau wie das Lama, dem sie zum Verwechseln ähnlich sehen. Hauptunterscheidungsmerkmal: Alpakas sind kleiner. Ich suche mir ein braunes Exemplar aus, das auf den Namen Arí hört. Auch das ist Quechua und bedeutet »Ja«. Keine schlechten Voraussetzungen für eine Zusammenarbeit. Allerdings scheint Arí noch nicht bereit zu sein. Er hat Druck und muss sich erst einmal mit einem Sturzbach entleeren.

»Es bringt Glück, wenn man sieht, wie ein Alpaka Aa macht, sagt meine Mama immer«, erzählt Mila. Gut zu wissen. Doch auch danach zeigt sich Arí von meinen Annäherungsversuchen nicht sonderlich beeindruckt. Erst als Mila ihn mit Schnalz- und Knutschlauten becirct, lässt er sich überzeugen, mal ein Stück näher zu kommen. Durch den Zaun sind wir uns schließlich nah genug, dass ich den Auslöser drücken kann. Ich grinse, Arí ist's egal – bis er genug von dem Theater hat und mir durch das Gitter in die Schulter beißt.

»Aua!« Ich mache einen großen Satz nach vorne und inspiziere meinen Arm. Es ist zum Glück nicht so schlimm, da war der Schreck wohl größer als der Biss. Arí aber scheint so etwas wie Genugtuung zu verspüren. Er schaut mich mit seinen großen Augen an, um dann verächtlich den Kopf wegzudrehen, als würde er sagen wollen: Stell dich nicht so an, du Weichei, das war noch gar nichts!

»So fühlt es sich also an, wenn ein anderes Lebewesen an einem knabbert«, sage ich zu Thomas und muss dabei an Sunny denken. Egal, Aufgabe bestanden – auch wenn ich ehrlich gesagt nicht damit gerechnet hätte, mich bei dem überschaubaren Schwierigkeitsgrad eines Selfies in Gefahr zu begeben.

Der Hals kratzt, ich muss ständig husten, und auch mein Kopf fühlt sich heiß an. Herrlich, denke ich. Eine Erkältung ist genau das, was ich jetzt gebrauchen kann.

Mila hat inzwischen bei dem Paragliding-Anbieter angerufen, der Flug ist für fünfzehn Uhr angesetzt. Das heißt, wir haben noch etwa eine Dreiviertelstunde Zeit. »Auf dem Weg liegt ein Markt, auf dem Cuys zubereitet werden. Wollt ihr ihn sehen?«, fragt Mila.

Wenige Minuten später stehen wir vor einem Stand, an dem es nach Räucherstäbchen riecht. Oder eben nach Nagetier, das weiß ich nicht so genau. Auf dem Grill liegt Fleisch, vermutlich Schwein, mit dicker Kruste. In einer Schüssel werden Mais und Bohnen gegart. Mila fragt nach Meerschweinchen, der Verkäufer verschwindet kurz hinter seinem Stand. Als er wiederkommt, hat er ein riesiges Exemplar dabei und legt es vor uns auf den Tisch. Es ist bestimmt dreimal so groß wie Sunny – und gefroren.

»So groß sind sie üblicherweise, wenn man sie als Nahrungsmittel heranzüchtet«, erklärt Mila.

Da liegt jetzt also so ein tiefgefrorenes Riesenmeerschweinchen vor mir, die Stummelbeine abgeknickt, die Ohren angepresst, der Körper plattgedrückt. Ich finde den Anblick furchtbar – und mich mal wieder scheinheilig.

Bis ich sechs Jahre alt war, habe ich mit meiner Mutter und meinem Bruder Benny bei meinen Großeltern gelebt. Oma und Opa haben seit eh und je Kaninchen und Hühner gehalten. Die Hühner haben Eier gelegt und irgendwann die Gurgel durchgeschnitten bekommen, um unser Mittagessen zu werden. Und die Kaninchen waren die Kuscheltiere von Benny und mir, bevor auch sie irgendwann an ihren Löffeln in den Kochtopf gezogen wurden. Wir haben davon nie etwas mitbekommen. Wahrscheinlich haben wir gespielt oder einen Ausflug gemacht, während die Tiere geschlachtet wurden. Von Zeit zu Zeit gab es eben einfach ein, zwei Kaninchen weniger im Stall, bis irgendwann wieder neue dazukamen. Wir haben das nie hinterfragt. Ich erinnere mich nur daran, dass ich ab und zu in die Küche kam und sah, wie Oma ein Huhn ausnahm. Den widerlichen Gestank konnte ich kaum aushalten. Trotzdem ist aus mir ein leidenschaftlicher Fleischesser geworden. Es geht doch nichts über ein saftiges Rumpsteak oder eine krustige Schweinshaxe. Aber ich musste eben auch nie wirklich mit ansehen, wie einem Lebewesen der Garaus gemacht wurde. Ich gehe einfach an die Fleischtheke, suche mir das zarteste vierkantige Stück aus und lasse es in eine Tüte packen. Wir brauchen keine Jäger und Sammler mehr zu sein, wir haben die Industrie. Aber jetzt, da dieses tote Tier, das man noch zu hundert Prozent identifizieren kann, mit abgeknickten Beinchen und angedrückten Öhrchen vor mir liegt, ist mir der Gedanke plötzlich zuwider, es essen zu müssen. Das ist doch seltsam.

»Isst du Meerschweinchen?«, frage ich Mila.

»Habe ich natürlich schon mal, ja«, antwortet sie. »Aber mir schmeckt es nicht wirklich. Ich habe Cuys lieber als Haustiere.«

Ich horche auf.

»Das heißt, das ist hier auch üblich?«

»Ja, klar. Ich habe vier Stück zu Hause.« Na, schau mal einer an! In Peru geht beides: seine Haustiere liebhaben und sie schlachten. Wenn auch wahrscheinlich in aller Regel nicht von derselben Person.

Über Miraflores zieht ein heftiger Nebel auf, als wir uns auf den Weg zur Steilküste machen. Wir können dabei zusehen, wie im Sekundentakt mehr und mehr Hochhäuser im dunstigen Grau verschwinden.

»Wir nennen dieses Phänomen La Garúa«, erzählt Mila. »Es könnte sein, dass das fürs Paragliding nicht so gut ist.« Das sei für Lima aber ganz normal und ändere sich manchmal innerhalb weniger Minuten.

Sowieso ist das Klima hier ganz besonders, habe ich gehört. Es regnet fast nie in Lima. Die Küste zwischen Pazifik und den Anden gehört zu den trockensten der Erde. Dafür gibt es hier eben sehr häufig Nebel. Das Phänomen erklärt sich wie folgt: Wegen des Humboldtstroms, der aus der Antarktis nach Norden dringt, ist der östliche Pazifik ein sehr kaltes Meer. Dadurch kühlen die darüber liegenden Luftmassen stark ab, und es bildet sich eine tief hängende Nebeldecke, die bei auflandigem Wind in null Komma nix in die Stadt gepustet wird. Während Nebel in unseren Gefilden häufig mit einer kühlen Umgebung einhergeht, kommt La Garúa hier übrigens auch im Sommer bei heißen Temperaturen vor. Das liegt daran, dass warme Luft besonders viel Feuchtigkeit aufnehmen kann. Wenn sie dann durch die kalte Wasseroberfläche abkühlt, liegen die Einheimischen auch durchaus mal bei 30 Grad im diesigen Dunst am Strand.

Heute allerdings sorgt der Nebel für einen flotten Temperatursturz. Es ist Mitte Oktober, und wir befinden uns südlich des Äquators, das Frühjahr geht mit Temperaturen von sechzehn Grad also gerade erst los. Das gefällt meinem angeschlagenen Körper gar nicht, die kühle Luft kriecht mir um Hals und Ohren. Ich habe nichts dabei, um mich wärmer anzuziehen, ist ja alles am Flughafen geblieben. Zum Glück weht zumindest kein starker Wind, das wäre jetzt wirklich unangenehm. Aber das ist Ansichtssache, wie ich kurz darauf lerne.

»Leider ist gerade kein starker Wind«, sagt der Mann in der Paragliding-Anmeldebude, als wir auf dem grünen Steilküstenstreifen ankommen, von dem normalerweise Abflug ist. Ein paar Waghalsige versuchen zu starten, aber sogar der Laie (also ich) erkennt: Hier herrscht Flaute.

Vor zwei Jahren war ich schon mal beim Paragliding, in Südtirol. Damals war es auch nicht windig, und bereits nach ungefähr zehn Minuten setzten wir unten im Tal auf. Eine Verlängerung des Flugspaßes war aufgrund suboptimaler thermischer Bedingungen nicht möglich.

In Lima sind die Voraussetzungen ganz andere. Hier wird nicht wie in den Bergen oben gestartet und unten gelandet.

Start- und Endpunkt des Flugs sind identisch – nämlich die grüne Stoppelfrisur am Kopf der Steilküste, auf der ich gerade stehe. Ich stelle mir vor, wie ein Gegenstand (zum Beispiel ein Christoph mit Schirm), der schwerer als Luft ist, nach oben steigt, um anschließend wieder am selben Punkt zu landen. Wirklich ein ganz verrücktes Ding, diese Thermik.

»Es wird langsam besser«, sagt der Mann in der Bude. »Lass uns mal herausfinden, ob … nein, warte, es wird tatsächlich immer besser.« Mein Herz schlägt mir bis zum Hals. Ist das Angst? Oder Vorfreude? Eigentlich habe ich riesige Höhenangst.

Vor einigen Jahren habe ich meine älteste Freundin Babs und ihren damaligen Freund in Berlin besucht. Eines Nachts sind wir in ein verlassenes Fabrikgebäude an der Rummelsburger Bucht eingestiegen, um auf dem Dach unter dem Berliner Sternenhimmel Bier zu trinken. Wir kraxelten durch die zerbrochenen Kellerfenster, über ein mit Schutt beladenes Treppenhaus in die oberen Stockwerke und von dort durch weitere kaputte Fenster nach draußen. Was ich zu dem Zeitpunkt noch nicht wusste: Um tatsächlich aufs Dach zu gelangen, mussten wir uns einige Meter einen schmalen Vorsprung entlangarbeiten. Schmal ist hierbei sicherlich relativ. Der Vorsprung war bestimmt zwei Meter breit. Aber von der Kante ging es ohne weiteren Zwischenstopp zehn Meter gen Erdboden. Der Gedanke daran trieb mir mitten in der Nacht den Schweiß auf die Stirn. Ich presste mich an die Wand, die mein einziger Halt war, und merkte, dass ich mich keinen Schritt weiterbewegen konnte. Die Höhenangst hatte volle Kanne zugeschlagen und mich gelähmt.

So ähnlich geht es mir auch auf dem Kölner Dom oder

dem Eiffelturm, wenn ich durch die Gitter nach unten schauen kann. Das ist wirklich das schlimmste Gefühl, das ich kenne – obwohl mir natürlich bewusst ist, dass an diesen Orten nicht das geringste Risiko besteht, tatsächlich hinunterzufallen. Auf der anderen Seite: Bei lustigen Aktivitäten wie Paragliding oder Fallschirmspringen, bei denen ich wirklich buchstäblich in der Luft hänge, existiert diese Angst nicht. Im Gegenteil: Ich freue mich darauf! Kann mir das mal einer erklären, der sich damit auskennt?

Endlich gibt es das finale »Go«, und ich darf über die Absperrung hüpfen, um zu meinem Tandempiloten zu gehen. Michael hat in den letzten 23 Jahren geschätzte 8.000 Stunden in der Luft verbracht. Das Beruhigende: Jeder einzelne seiner Flüge muss erfolgreich gewesen sein, sonst wäre er heute nicht mein Pilot.

»Du bist aus Deutschland, oder?«, fragt Michael. Ich nicke. »Vor einigen Jahren habe ich dem deutschen Botschafter Paragliding beigebracht.« Keine Zeit für weiteren Small Talk, ein Mitarbeiter von Michael zieht mir eine knallorangefarbene Schwimmweste an. Für alle Fälle. Beziehungsweise eigentlich nur für einen Fall, nämlich den in den Pazifik. Dann setzt er mir einen Helm und einen Rucksack auf. Letzterer wird während des Flugs mein Sitz sein. Er zieht und zerrt an den Gurten, in die er mich einwickelt, und winkt mich schließlich auf die Startbahn. Man muss die Winde wohl so nehmen, wie sie kommen, und hat im richtigen Moment keine Zeit zu verlieren. Schwuppdiwupp sind Michael und ich aneinandergeschnürt, der sich aufrichtende Schirm zieht uns ein Stück nach hinten, bis er sich direkt über uns befindet – und dann soll ich loslaufen.

Ich muss wieder an Südtirol denken, wo ich von meinem Piloten angeschrien wurde, ich solle »Laufen! Laaaufeen! Laaaaaufeeeeen!!«, als wir den Abgrund längst überwunden und ich keinen Boden mehr unter den Füßen hatte. Ich strampelte und strampelte, obwohl es schon gar nichts mehr zu strampeln gab. Man weiß ja nie. Das läuft hier ganz anders ab. Ich trabe gemächlich los, hinter mir Michael und dahinter sein Mitarbeiter, der ihm kurz vor der Steilkante einen letzten Schubs gibt. Dann segeln wir entspannt auf den Pazifik zu.

Na ja, nicht komplett entspannt. Wenn man merkt, dass der Abgrund näher kommt und nicht sehen kann, was sich dahinter befindet – da wird einem schon ziemlich mulmig. Aber im Vergleich zu dem Brüllkommando in Südtirol, ist das Paragliding dieses Mal eine sehr unaufgeregte Angelegenheit.

»Du kannst dich jetzt hinsetzen«, ruft Michael, als wir eine erste Kurve entlang der Küstenlinie nach Norden fliegen, und ich lasse mich in meinen Rucksacksitz plumpsen. Fühlt sich etwas merkwürdig an, so sitzend in der Luft zu baumeln.

Erst jetzt fällt mir auf, wie viele andere Gleitschirmflieger unterwegs sind. Ein Dutzend sind es bestimmt. Michael dreht eine weitere Kurve, nach der wir Richtung Süden fliegen, zieht an ein paar von seinen unzähligen Strippen und Schnüren – und plötzlich sind wir zehn oder fünfzehn Meter höher als noch vor ein paar Sekunden. Ich sehe Mila und Thomas als kleine Ameisen im Park stehen, als wir über sie hinwegfliegen. Mir leuchtet überhaupt nicht ein, wie das gehen kann. Aber woher auch? Ich habe Physik nach der zehnten Klasse abgewählt.

Wir fliegen auf eine Hochhauswand zu. »Hier kannst du durch die Fenster die Menschen beobachten, die ihr Geld noch mit richtiger Arbeit verdienen«, sagt Michael und lacht. Ja, denke ich, das trifft auf uns beide wohl eher nicht zu. Im letzten Moment, bevor wir scheinbar gegen die Hauswand brettern, nutzt Michael einen erneuten Aufwind und driftet mit mir über das Dach des Hochhauses. Wir sind jetzt höher als jedes Gebäude um uns herum. Eine bessere Aussicht kann man nicht haben!

Ganz hinten, wo die Häuser langsam weniger werden, erkenne ich die ersten Anden-Ausläufer. Das Gebirge macht den Küstenstreifen sehr schmal, kommt bis auf wenige Kilometer ans Meer heran. Dazwischen liegen die grünen Stadtparks Limas, seine Wolkenkratzer, von deren Dächern die Swimmingpools hellblau strahlen, und ein wuseliges System aus dünnen Adern, durch das sich zähfließende Teilchen schieben. Minibusse, Taxis und die quietschbunten Linienbusse läuten langsam den Feierabendverkehr ein.

Auf dem Rückweg zur Start- und Landebahn drehen wir noch eine Runde über dem Pazifik, wo ich die extremen Klimaverhältnisse hautnah erlebe. Schlagartig wird der raue Wind über dem Meer eiskalt und peitscht mir ins Gesicht. Meine Haut beginnt durch den Salzgehalt in der Luft zu kleben. Mein Körper ist voll mit Adrenalin, sogar das Halskratzen spüre ich kaum noch. Aber als wir – tatsächlich sanft und sicher an derselben Stelle – wieder landen, merke ich gleich, dass ich ganz durchgefroren bin. Gleichzeitig fühlt sich mein Kopf sehr heiß an.

»Ach, das ist doch klar«, beruhigt mich Thomas. »Du hast gerade eine Viertelstunde Wind ins Gesicht gekriegt, natürlich denkst du, dass dein Kopf glüht.« Doch irgendetwas fühlt sich komisch an.

»How was it?«, ruft Mila über die Absperrung, in ihrer Hand der Pappkarton mit Sunny.

»Absolutely awesome«, rufe ich zurück, fühle mich aber gerade nicht so awesome.

Bevor wir Mila Lebewohl sagen, muss noch eine Entscheidung her. Eine, die ich getroffen habe, als ich erfuhr, dass Mila eine Meerschweinmama ist. Niemals könnte ich dieses Tier heute mit gutem Gewissen verspeisen. Sunny und ich haben zwar nicht unbedingt ein inniges Verhältnis aufgebaut, aber sobald man ein Tier streichelt, füttert und ihm sogar einen Namen gibt, kommt es einfach nicht mehr als Abendessen in Betracht. Sunny und ich, wir kennen uns jetzt. Und ich glaube, dass ich für uns beide spreche, wenn ich sage, dass keiner von uns heute einem Profigriller den Auftrag hätte geben wollen, den anderen zum Verzehr zuzubereiten. Hätte ich damals an Weihnachten gewusst, dass ich gerade das Kaninchen esse, mit dem ich Tage zuvor noch gespielt hatte – ich hätte wahrscheinlich auch keinen Bissen runterbekommen.

»Könntest du dir vorstellen, Sunny bei dir aufzunehmen?«, frage ich Mila.

»Ich habe mir schon gedacht, dass du das fragen wirst«, lacht sie. Vermutlich wussten wir insgeheim alle längst, dass wir Sunny nicht wirklich essen werden.

»Wirst du sie füttern? Und mit ihr knuddeln? Und gut auf sie aufpassen?«, hake ich noch einmal nach.

»Ja, ich würde mich gern um sie kümmern.« Ich lege

Sunny in Milas Hände und weiß, dass sie dort gut aufgehoben sein wird. Dann streiche ich ihr ein letztes Mal über ihren lustigen Stirnhaarwirbel und war noch nie so glücklich, gerade keinen Hunger zu haben.

Am Centro Commercial Larcomar verabschieden wir uns. Mila und ich umarmen uns ganz fest. Als ich merke, wie doll sie zudrückt, lege auch ich noch etwas nach. Vielleicht war ich für sie nur ein Kunde, den sie einen Tag durch ihre Stadt geführt hat. Vielleicht aber hatte auch sie einen schönen Tag. Manchmal dauert es nur wenige Stunden, um Freundschaft zu schließen. Nicht unbedingt eine Freundschaft fürs Leben, aber eben für diesen einen Tag. Und das fühlt sich als Fremder auf einem weit entfernten Erdteil wahnsinnig schön an.

»Ich habe Hunger«, sagt Thomas.

»Das trifft sich gut. Ich brauche Internet«, antworte ich und steuere auf ein Restaurant zu, das erneut einen traumhaften Blick auf die Felsküste gewährt. Es ist siebzehn Uhr, wir haben noch fünf Stunden Zeit, bis wir wieder am Flughafen sein müssen. Ich klappe meinen Laptop auf und beginne, das Video vom Paragliding zu schneiden. Schließlich möchte ich meinen Followern so schnell wie möglich zeigen, dass ich ihre Aufgabe bestanden habe. Ich bestelle mir Pasta, kriege aber kaum etwas runter. Mein Kopf ist heiß. Ich habe Fieber, da besteht überhaupt kein Zweifel mehr. Der Husten wird immer schlimmer. Es machen sich klassische Erkältungssymptome wie Kopf- und Gliederschmerzen bemerkbar, und ich kann das alles einfach nicht glauben.

Jahrelang träume ich von dieser Reise, seit Monaten bereite ich mich intensiv darauf vor. Und dann so was: krank, bei der ersten Station!

Thomas schaut in meine glasigen Augen und weiß auch nicht so recht weiter. Er bestellt mir literweise Tee mit Honig und Zitrone gegen das Kratzen im Hals. Meine Stimme ist inzwischen fast komplett weg. Ich krächze mehr, als dass ich spreche.

»Wie fühlst du dich jetzt?«, fragt Thomas nach einiger Zeit vorsichtig.

»Das weiß ich auch nicht so genau«, antworte ich wahrheitsgemäß. Was mir Sorgen macht, ist, dass es mir zusehends schlechter geht und ich in wenigen Stunden den nächsten Langstreckenflug nach Houston antreten muss.

»Käme denn ein Abbruch in Frage?«, hakt Thomas nach. Ein Abbruch? Was für eine absurde Frage. »Nein, auf gar keinen Fall.« Der Flug, die Luft und die Haltung im Flieger werden zwar alles andere als erholsam sein. Aber: »Nach Las Vegas werde ich es noch schaffen – und dann gucken wir mal weiter.« Gesagt, getan. Wir packen unser mobiles Büro ein, zahlen für zwei Liter Tee und ungefähr vier Bienenstockladungen Honig und verlassen das Restaurant. Draußen warten bereits einige Taxifahrer auf uns.

»Where you go?«, fragt einer.

»To the airport. How much is it?«

»For you 70 Soles«, lautet die Antwort. Ein Phänomen, das ich noch nie verstanden habe. Was bedeutet dieses »for you«, das man von Taxifahrern und Händlern auf der ganzen Welt immer wieder zu hören bekommt? Für dich extra günstig? Oder für dich extra teuer?

Ich bedanke mich bei dem Herren und winke ab. »Heute Morgen haben wir vom Flughafen in die Stadt 50 Soles bezahlt.«

»But bad traffic, you know?«, sagt der Mann. Ja, nee – Verkehr war heute Morgen auch. Ich habe kein Problem damit, an Orten, an denen ich als überdurchschnittlich reich gelte, etwas mehr als die Einheimischen zu bezahlen. Aber mir ohne Grund für dieselbe Strecke umgerechnet sechs Euro mehr abzunehmen, finde ich frech. Ich schaue mich weiter um, da schaltet sich einer der anderen Taxifahrer ein.

»I make you 50«, bietet er an. Damit bin ich einverstanden.

Wir müssen noch ein Stück mit Felipe gehen. Sein Auto stehe dort hinten auf einem Parkplatz, erklärt uns der Mann mit Händen und Füßen. Ich suche nach einem Fahrzeug mit Taxischild auf dem Dach. Als Felipe seinen Schlüssel aus der Tasche holt und auf den Knopf drückt, blinken die Lichter eines stinknormalen PKW.

»Ist *das* Ihr Taxi?«, frage ich ihn.

»Sí, Taxi«, antwortet er. Ich werde stutzig.

Drinnen entdecke ich weder ein Taxameter noch Registrierungspapiere des Fahrers, die häufig an der Rückseite der Vordersitze angebracht sind. Es ist ganz offensichtlich ein Privatauto. Grundsätzlich nicht schlimm, da habe ich schon in ganz anderen Vehikeln Platz genommen. Es vermittelt aber einen Eindruck davon, wie hart es hier tatsächlich um den Arbeitsmarkt und die Löhne bestellt sein muss. Vermutlich reicht der normale Job von Felipe nicht zum Leben – und deswegen schon gar nicht für die Lizenz zum Taxifahrer. Unterwegs versucht er, uns etwas mitzuteilen. Die

Sprachbarriere scheint in diesem Moment allerdings unüberwindbar. Wir wechseln uns mit »No Español« und »No English« ab – aber das, was Felipe uns erklären möchte, scheint wichtig zu sein.

Er holt sein Portemonnaie aus der Tasche, zeigt darauf, wedelt mit seinem Zeigefinger und sagt »No«. Ich kratze mich ratlos am Bart. Möglichkeit eins: Der Mann will uns sagen, dass er kein Geld hat und wir ihm doch bitte mehr als die vereinbarten 50 Soles geben sollen. Der inoffizielle Rahmen, in dem wir uns hier gerade befinden, spräche dafür. Möglichkeit zwei: Vielleicht gibt es auf der Strecke zum Flughafen eine Mautstation, bei der wir bezahlen sollen. Möglichkeit drei: Er hat kein Wechselgeld. Und tatsächlich meint Felipe Letzteres. Er hofft, dass wir ihm das Geld passend geben können. Es ist doch immer wieder erstaunlich, was man mit »sí« und »no« und Hand und Fuß so alles erledigen kann.

Überhaupt: Mit Englisch kommt man hier nicht sonderlich weit, ist meine Erfahrung des heutigen Tages. Hätten wir Mila nicht dabeigehabt, wären wir schnell an unsere Grenzen gestoßen. An internationalen Treffpunkten wie der Paragliding-Anmeldebude kann man sich gut mit den Leuten verständigen. Aber auf den Märkten funktioniert es natürlich gar nicht – und selbst in einem der ältesten und besten Hotels der Stadt war Barkeeper Eros reichlich überfordert mit meinen Fragen. Die Peruaner leben in einem Land, das dreieinhalb Mal so groß ist wie Deutschland, und sind zum allergrößten Teil von Nachbarn umgeben, die ebenfalls Spanisch sprechen. Im internationalen Ausland, hoch bis nach Mexiko und runter bis nach Feuerland, leben über 300 Millionen Menschen, die Spanisch ihre Muttersprache nennen.

Es gibt in ihrem Alltag also keinen Grund, weitere Sprachen zu lernen.

Knapp drei Stunden vor Abflug kommen wir am Flughafen an. Ich habe nicht das Gefühl, dass mein Körper nach deutscher Zeit eigentlich gerade im tiefsten Nachtmodus steckt. Das ist der Vorteil, wenn man nach Westen fliegt – und auch der Grund, warum ich beim Routenvoting die Reiserichtung vorgegeben habe. Wer nach Osten fliegt, überspringt Zeit, verkürzt dadurch seine Tage und bringt den Biorhythmus schneller durcheinander. Wer nach Westen fliegt, sammelt Zeit, verlängert seine Tage und geht gefühlt einfach nur jeden Tag sehr spät ins Bett. In der Regel dauert es zwei bis drei Tage, bis man sich an eine neue Zeitzone gewöhnt hat. Diese Übergangsphase fällt auf dieser Reise allerdings aus. Das finde ich ziemlich spannend. Wie wird mein Körper darauf reagieren? Kann das funktionieren? In welcher Zeit wird mein Körper wohl leben, wenn wir in Neuseeland Bergfest feiern? Und in welcher, wenn die Reise vorbei ist? Vielleicht bastelt er sich im Laufe der zehn Tage einfach seine ganz eigene Zeitzone. Wahrscheinlich werde ich das alles erst herausfinden, wenn ich wieder zurück in Deutschland bin und in meinem eigenen Bett schlafe. Ach, mein Bett.

Ich sollte lieber nicht so viel über Schlaf und Schlafmangel nachdenken. Als wir am Gate sitzen, um auf den Flug zu warten, überkommt mich urplötzlich eine unbeschreibliche Müdigkeit. In Deutschland ist es inzwischen fast sechs Uhr morgens, und ich fühle mich wie nach einer durchfeierten Nacht, wenn die Sonne über der Kieler Förde gerade wieder aufgeht und ich durchgeschwitzt vom Tanzen nach Hause gehe. Der einzige Unterschied: Jetzt liegt die Nacht noch vor mir. Und es wird die zweite in Folge sein, die ich im Sitzen verbringen werde. Eine Premiere. Mit Fieber.

**DAS LIMA-VIDEO**

# #TAG3

# VON LIMA NACH LAS VEGAS

## Vorteile eines Pessimisten

Um kurz nach Mitternacht steht unser Flugzeug bereit, und das Boarding kann beginnen. Ein Boarding nach amerikanischen Regeln. Die Passagiere werden in Gruppen eingeteilt und nacheinander nach vorne gerufen. So weit alles normal. Doch bevor es durch den Gatefinger in die Maschine geht, untersuchen ein halbes Dutzend Sicherheitsbeamte jedes(!) einzelne(!) Handgepäckstück der Fluggäste. Für die USA reicht es nicht, dass Limas Flughafen – wie jeder andere große Flughafen der Welt – eine nach internationalen Standards festgelegte Sicherheitskontrolle mit Metalldetektoren und Gepäckdurchleuchtung durchführt, bevor die Fluggäste in den Transitbereich gelangen. Nein, es könnte ja sein, dass die Passagiere zwischen der Sicherheitskontrolle und dem Boarding plötzlich superdupergefährliches Material in ihrem Handgepäck haben. Ist doch klar, kriegt man ja in jedem Flughafenshop hinterhergeschmissen!

Meine explosive Ware sind zwei Flaschen Wasser, die ich mir vor einer Viertelstunde für sechs Dollar gekauft habe. Ich bin stinksauer, als der Mann mit Einmalhandschuhen sie einkassiert. Aber vielleicht bin ich gerade auch einfach etwas reizbarer als sonst.

Ich erinnere mich noch, wie ich ins Flugzeug steige und eine Amerikanerin mit Hillary-Clinton-Helm von meinem Gangplatz verscheuche. Sie hat den Mittelplatz daneben und offenbar darauf spekuliert, dass keiner mehr kommt. Begeistert ist sie nicht, als ich mich setze. Mittelplätze sind aber auch wirklich die Höchststrafe.

Ich erinnere mich auch noch daran, wie ich darüber nachdenke, ob es wohl unhöflich wäre, meine Schlafbrille über die Augen zu ziehen, während der Flugbegleiter seine Sicherheitschoreographie direkt neben mir vortanzt. Doch diesen Gedanken kann ich nicht mehr zu Ende denken. In Deutschland ist es inzwischen acht Uhr morgens, und ich verliere umgehend das Bewusstsein – mit zwei Brillen, die an meinem Kopf befestigt sind. Auf der Nase die zum Gucken, auf der Stirn die zum Schlafen.

Nach viereinhalb Stunden wache ich auf, sehr gerädert und vor allem ziemlich durstig. Ich habe nicht nur das Abendessen verschlafen, sondern auch sämtliche Getränketouren der Flugbegleiter. Ich gehe nach hinten zur Crew, um mir ein Wasser zu holen, vergesse aber total, dass ich keine Stimme habe, so dass sich die Flugbegleiterin (ebenfalls mit Clinton-Frisur ausgestattet) mehrmals nach der Bedeutung meiner Zischlaute erkundigen muss.

Der Rest des Flugs ist unruhig. Ich mache die Augen immer mal wieder zu, kann jedoch nicht einschlafen. Bestelle mir einen schwarzen Tee, um meiner Kehle etwas Warmes zu gönnen. Bemerke, dass ich jetzt noch weniger einschlafen kann. Dann beginnt der Sinkflug zur Zwischenlandung und Einreise in die USA. Mir geht es beschissen.

Houston, wir haben ein Problemkind.

Die Einreise, bei der man sich an amerikanischen Flughäfen oft genug übertrieben kritischen Fragen und Blicken stellen muss, läuft angenehmerweise wie geschmiert. Ich hatte mir vorher ein paar Gedanken gemacht, weil ich mir nicht sicher war, wie ich einem grimmigen Grenzbeamten plausibel erklären sollte, dass ich nur knapp 40 Stunden in den Staaten verbringen will. Aber alles grundlos. Ich erwische einen sehr netten Schnauzbartträger, der mich kurz fragt, wo es hingeht, und sich mit meiner diplomatischen Antwort (»Von hier fliege ich weiter nach Las Vegas und anschließend nach Los Angeles«) zufriedengibt. Fingerabdrücke, Foto mit glasigen Augen, Stempel – drin!

An einem Deli kaufe ich einen Becher mit frischem Obst und löse in dem Plastikdeckel der Verpackung eine Aspirin plus C auf. Irgendwie muss ich es schaffen, mein Immunsystem anzukurbeln – auch wenn ich im Grunde genommen weiß, dass das ein Kampf gegen Windmühlen ist. Ich werde keine Chance haben, mich zu erholen, solange ich einer unruhigen Umgebung und ungesundem Klima ausgesetzt bin. Aber was soll ich machen? Ich bin soeben im Land der ballernden Klimaanlagen angekommen.

Ich habe kein gutes Gefühl. Der Gedanke daran, dass es schon morgen weiter nach Neuseeland gehen soll, ist eine Horrorvorstellung. Alles in mir wehrt sich dagegen. Jetzt, wo es mir schlechtgeht, merke ich zum ersten Mal, wie sehr ich die Distanzen unterschätzt habe. Im gesunden Zustand würden mir die langen Flüge nichts ausmachen, daran bin ich einfach gewöhnt. Jetzt gerade ist der Gedanke an eine erneute Zeitverschiebung und vor allem einen weiteren Zwölfstundenflug allerdings grauenvoll.

Der nächste Flug dauert glücklicherweise *nur* drei Stunden. Es geht nach Las Vegas, dem Vertreter für den Kontinent Nordamerika. Es ist der einzige Ort auf dieser Route, den ich schon einmal besucht habe. 2008, meine erste große Reise. Sie ist der Grund, warum ich reisesüchtig geworden bin.

In meiner Jugend war ich nie sonderlich viel unterwegs – mal abgesehen von meinem Finger im *Diercke Weltatlas*. Meine Kindheitsurlaube habe ich in Dänemark und den Niederlanden, am Gardasee und in England verbracht, bis ich im Sommer 1999 – kurz nach der Highschool-Pleite – meinen ersten eigenen Trip unternommen habe. Meine drei besten Freunde und ich waren fünfzehn – und alles, was uns an Fortbewegungsmitteln zur Verfügung stand, waren unsere Fahrräder und die Bahn. Also fuhren wir an einem warmen Morgen in den Sommerferien in Kiel los: mit dem Zelt auf dem Gepäckträger bis zum Hauptbahnhof, mit dem Zug nach Westerland, mit dem Fahrrad bis zu Sylts Nordzipfel nach List und von dort mit der Fähre rüber auf die dänische Insel Rømø, wo wir eine unvergessliche Woche verbrachten. Darüber hinaus war ich zum Schüleraustausch in England und Estland, zum Snowboarden in Schweden und Österreich und mit meiner damaligen Band ein paar Wochenenden auf Minitournee in der Schweiz. Das alles in einem Zeitraum von 20 Jahren. Keine riesigen Sprünge also.

Mit meiner heutigen Frau Katrin änderte sich das schlagartig. Sie war vorher auch nicht viel unterwegs gewesen. 2005 fingen wir gemeinsam an, mehr und mehr Zeit im Ausland zu verbringen. Erst waren es nur ein paar Tage über meinen Geburtstag in London, dann Stockholm und Wien als verlängerte Wochenenden, anschließend zwei Wochen Pauschalurlaub in Griechenland, drei Wochen Norditalien mit meinem umgebauten Kastenwagen, dann eine Woche in Tunesien (das erste Mal außerhalb Europas, das letzte Mal Pauschalurlaub) und schließlich vier Wochen USA. Wir flogen nach New York, weiter nach Las Vegas und zum Grand Canyon, übers Death Valley nach Los Angeles und den Highway One hoch bis San Francisco. Die schönste Reise, die wir je zusammen gemacht haben.

Ich war angefixt.

Ich konnte es kaum erwarten, den nächsten Trip zu planen. Ich liebte es, Routen für Roadtrips auszuarbeiten, und bekam nicht genug davon, mir Orte ausgiebig vorzustellen, um sie dann tatsächlich kennenzulernen. Manchmal überschlug ich mich dabei und buchte schon Flüge für die übernächste Reise, obwohl die nächste noch nicht einmal stattgefunden hatte. Zürich und Paris, Dublin und Amsterdam, ein Roadtrip durch Spanien und Portugal, vier Wochen Australien – wir waren mindestens einmal im Monat unterwegs. Irgendwann wurde es Katrin etwas zu viel, und wir fingen an, die Reisen zu splitten. Einmal ist sie mit mir für ein Wochenende nach Helsinki gereist und dann allein wieder nach Hause geflogen, während ich noch für eine weitere Woche ins Baltikum gefahren bin. Dabei habe ich die Magie des Alleinreisens kennengelernt. Ich war mein eigener Herr, konnte Pläne schmieden und umschmeißen, wie es mir gefiel, durfte so lange an einem Ort bleiben, wie ich wollte, oder früher weiterziehen, wenn ich es irgendwo gar nicht mochte. Zwar fehlt mir dabei manchmal die Möglichkeit, das Erlebte mit Katrin zu teilen, die schönen Momente mit ihr gemeinsam zu erleben. Aber glücklicherweise muss man als Alleinreisender ja nicht allein sein – weil man ständig Menschen kennenlernt. In meinem Hostel in Tallinn traf ich David und Geeanna, zwei Amerikaner, die gerade zum Studieren in Europa waren. Wir tranken Rum und spielten Karten, gingen spätabends in eine Musikkneipe, wo sich David ein Akkordeon schnappte und wir uns mit zwei Dutzend randvollen Esten schunkelnd in den Armen lagen. Wir sind noch heute befreundet. Die beiden besuchten mich ein paar Monate später in Kiel – und Jahre später traf ich David in New Orleans wieder. Für mich eine der wertvollsten Begegnungen, die ich je auf Reisen hatte. Ich wurde immer hungriger, gab mit 26 meinen festen Job beim Radio auf, stürzte mich ins kalte Freiberuflerwasser, reiste und schrieb, produzierte Kurzfilme, überlegte mir ungewöhnliche Reiseprojekte – und finde mich nun schließlich während einer Zehn-Tage-Weltreise auf der Bordtoilette wieder, verspüre heftige Hitzewallungen und bin ziemlich verzweifelt.

Ich lege das Gesicht in meine Hände und schüttele den Kopf. In meinem Hirn kreist ein und derselbe Gedanke immer wieder umher: Jetzt, wo es endlich losgegangen ist, macht der Körper nicht mit? Ich will das einfach nicht glauben. Warum? Will eine höhere Macht mich vor irgendetwas bewahren, das sich in den nächsten Tagen ereignen wird? Und ertappe ich mich eigentlich gerade ernsthaft dabei, wie ich über übernatürlichen Hokuspokus nachdenke? Es muss schlimm um mich stehen, denn an so etwas glaube ich nun wirklich nicht.

Plötzlich klopft es an der Toilettentür. Ich vermute, dass ich die allgemeine Höchstsitzdauer gemäß Paragraph 58 des ungeschriebenen Bordtoilettengesetzes inzwischen überschritten habe. Als ich die Tür öffne, starren mich zwölf Augen an, deren Besitzer sich in einer Schlange aufgereiht haben. Dass aber auch immer alle gleichzeitig müssen.

Mein Magen krümmt sich vor Hunger, die letzte Mahlzeit war ein trockener Muffin von der Größe eines Toffifees auf dem Flug nach Houston, das ist schon wieder fünf Stunden her. Im Bordmenü entdecke ich die »Morning Energy Selection« für sieben Dollar. Das wird mir guttun.

Auf dem Tablett vor mir landen letztlich ein kleiner Keks, den ich mit zäher Mandelbutter aus der Tüte beschmieren kann, sowie ein etwa zwei Quadratzentimeter großer Quader Cheddar und sechs rote Weintrauben. Nun ja. Immerhin sind die Weintrauben kernlos.

Ausgerechnet in dieser Situation sehe ich das Positive, die kernlosen Trauben. Ungewöhnlich, denn eigentlich bin ich hoffnungsloser Pessimist. Ich male mir stets den Worst Case aus und lebe sehr gut damit. Es heißt ja immer, Optimisten seien die fröhlicheren, glücklicheren Menschen. Das sehe ich anders. Optimisten können doch nur enttäuscht werden. Ein Pessimist hingegen sagt: Das klappt ja sowieso nicht. Hinterher kann er dann sagen: Siehste, hab ich doch gleich gewusst. Falls es aber doch klappt, freut er sich riesig, weil er damit ja nicht gerechnet hat. Auf meine Situation übertragen bedeutet das: Ich fürchte inzwischen, dass diese Reise scheitern wird.

»We're finally in Vegas« tippt meine Sitznachbarin per WhatsApp in ihr Smartphone. Ja, denke ich, und ich habe keine Ahnung, ob das gut oder schlecht ist.

# #TAG4

## IN LAS VEGAS

### Kopf im Bauch

Ich muss etwas beichten: Wenn es um Geld geht, bin ich ein elender Geizhals. Nicht, dass es mir keinen Spaß machen würde, einen Freund auf ein Bier einzuladen. Aber wenn es darum geht, für mich selbst Geld auszugeben, werde ich total knauserig. Mit mir einzukaufen ist fürchterlich, weil ich ständig in Frage stelle, ob ich dieses und jenes wirklich brauche.

Da stellt sich natürlich zwangsläufig die Frage, ob Las Vegas ein guter Ort für mich ist. Nein, ist er nicht. Das hatte ich schon bei meiner ersten Reise festgestellt. Eine Stadt, in der das Verprassen von Geld so dermaßen zur Schau gestellt wird, entspricht nicht gerade meiner Natur.

Bauklötze gestaunt habe ich damals trotzdem, als ich das erste Mal über den Strip gelaufen bin, die Wasserspiele vor dem *Bellagio* gesehen und den Nachbau des Eiffelturms erklommen habe. Wir waren im *Venetian*, der Hotelnachbildung von Venedig, in dessen Innerem ich mit offenem Mund stand. Über mir leuchtete ein strahlend blauer Himmel – was mich vollends verwirrte, da wir ja soeben nach drinnen gegangen waren: Tatsächlich haben die Macher des Hotels einen verblüffend echt aussehenden Himmel mit ein paar Wolkentupfen an die gewölbte Decke gemalt. Und damit nicht genug: Zu den Klängen von »O sole mio« fuhren venezianische Gondeln unter kleinen Brückchen durch künstlich angelegte Wasserstraßen. Darauf schipperten Gondolieri in blau-weiß gestreiften Hemden gemächlich ihre Kunden durch die Kanäle. Ein unsagbar schräges Bild, in einem Gebäude in der trockenen Wüste Nevadas und weit, weit weg vom venezianischen Original.

Es war 1829 der mexikanische Fährtenleser Raphael Rivera, der in der Gegend um die heutige Stadt eine vergleichsweise saftige Vegetation und schließlich Wasserquellen entdeckte. Er nannte den Ort Las Vegas, die Auen. Wegen des Wassers wurde der Ort im folgenden Jahrhundert zu einer wichtigen Etappe der Eisenbahn, die zwischen Kalifornien und New Mexico pendelte. Als 1931 der Bau des Hoover Dam am Colorado River begann und das Glücksspiel in Nevada legalisiert wurde, wuchs die Stadt schnell an. Die ersten Hotels mit integrierten Kasinos entstanden, es wurde ein bisschen Geld gewonnen und jede Menge Geld verzockt. Gewinner war in jedem Fall immer Vegas selbst. Die Stadt florierte und wuchs über sich hinaus, kämpfte sich an ein paar wirtschaftlichen Tiefschlägen vorbei, und heute wohnen hier 600.000 Menschen. Kein Zweifel, in den letzten 80 Jahren hat Las Vegas alles erlebt, was es zu erleben gibt – von illegaler Geldmacherei der Cosa Nostra bis hin zu Céline Dion. Aber dazwischen gab es bestimmt auch ein paar schöne Momente.

Trotz meiner Sparsamkeit hatte ich damals 100 Dollar zum Spielen in unser Reisebudget eingerechnet. Wir mussten es zumindest mal ausprobieren, ist doch klar. Um nicht sofort pleite zu sein, setzten wir uns tagsüber ins Kasino, weil die Mindesteinsätze an einigen Roulettetischen dann im Gegensatz zu abends nicht bei 50, sondern teilweise nur bei fünf Dollar liegen. Genau das Richtige für mich. Mein Plan: einfach immer auf Rot oder Schwarz setzen, dann haben wir die höchsten Gewinnchancen.

Ich setzte – und meine Mitspieler und der Croupier erklärten mir, dass ich das so nicht tun dürfe. Ich stutzte, wusste nicht recht, was ich tun sollte – und tat einfach irgendwas. Die Kugel rollte, mein Rubel nicht. Wenige Umdrehungen später war mein Einsatz weg. So ging es einige Runden, bis ich nach zehn Minuten 30 Dollar verspielt und enorm schlechte Laune hatte. Ich stand auf und ging.

»Was für eine unglaublich bescheuerte Art, seine Freizeit zu gestalten«, grummelte ich, auch wenn ich es insgeheim ganz beruhigend fand, dass ich offenbar nicht besonders spielsuchtgefährdet bin.

Meine Kasinoerfahrung ließ mich also etwas unruhig auf die Abstimmung zur Vegas-Aufgabe blicken, die ich während des Flugs aus Lima laufen ließ:

**A: Gehe ins Kasino, versuche dich beim Glücksspiel und spende deinen Gewinn an einen Bedürftigen!**

**B: Piratenshows, Magier, Céline Dion: Die Hotelkasinos am Strip sind voll von Bühnen mit Stars und Talenten. Tritt in einer echten Show auf und zeig, was du kannst!**

Aufgabe A in allen Ehren, ich freue mich sehr über das soziale Engagement meiner Follower. Aber die Aufgabenstellung setzt ja voraus, dass ich überhaupt etwas gewinne – was ich für ziemlich unwahrscheinlich halte. Weil es aber um den guten Zweck geht, würde ich natürlich weiterspielen und am Ende des Abends – Achtung, hier spricht der Pessimist – nicht nur ohne Gewinn dastehen, sondern auch noch pleite sein. Schließlich ist aus Las Vegas nur deshalb geworden, was es ist, weil die Menschen hier verlieren.

Thomas und ich warten am späten Vormittag bei sonnigen 26 Grad auf den Shuttlebus, der uns zum Hotel fahren soll. Ich scrolle mich durch meine Facebook-Seite. Philipp schreibt: »A ist super! Da kommst du gut mit Leuten ins Gespräch.« Aylin hält dagegen und kommentiert: »Unbedingt B! Am liebsten den Song ›My Heart Will Go On‹ mit Céline performen.« Und Tim bestätigt: »Ich möchte dich auch im Background von Céline Dion sehen.« Insgesamt wird es auch diesmal wieder eine klare Angelegenheit: Knapp 80 Prozent sind dafür, dass ich mir eine Gastrolle in einer Show am Strip verschaffe.

»Du guckst so verzweifelt. Was ist denn los?«, fragt Thomas.

»Ich hab keine Ahnung, wie es jetzt weitergehen soll«, sage ich. »Eigentlich bin ich mit Matt verabredet. Aber ich weiß nicht, ob ich nicht vielleicht eher ins Bett gehöre.« Das ist ein ziemlich dummer Satz. Natürlich weiß ich genau, dass ich ins Bett gehöre. Aber ich kann meine Pläne und Termine für Las Vegas doch nicht einfach so sausenlassen. Seit Monaten mache ich ein riesiges Brimborium um #10Tage. Ich habe versucht, mit möglichst vielen Menschen eine Weltreise zu kreieren, die ihren Wünschen entspricht. Jeder von ihnen durfte und darf sein eigenes kleines Puzzleteil zu diesem Trip beisteuern. Als die Route feststand und ich zum Brainstorming für die Aufgaben aufrief, kamen für Las Vegas von Anfang an die meisten Vorschläge rein.

»Schwimm durchs Wasserbecken vorm *Bellagio*.«

»Spiel bei einer Vegas-Hochzeit ›Love Me Tender‹ auf deiner Gitarre – natürlich als Elvis verkleidet.«

»Stell eine Szene aus ›Fear And Loathing In Las Vegas‹ nach.«

»Versuch in die Area 51 reinzukommen.«

»Setz dich in 280 Metern Höhe in alle drei Fahrgeschäfte auf dem Stratosphere Tower.«

»Arbeite als Poolkellner in einem der großen Partyresorts.«

»Fahr gemeinsam mit dem Arzt Dr. Jason Burke in seinem berühmten Katerbus *Hangover Heaven*, der nach einer durchzechten Nacht auf dem Strip verkaterte Leute einsammelt und sie wieder aufpäppelt.«

»Iss im *Heart Attack Grill* einen Triple Bypass Burger.«

Der letzte Vorschlag klingt erst mal gar nicht nach einer sonderlich ausgefallenen Aufgabe. Ich habe dann aber recherchiert und herausgefunden, dass dieser *Heart Attack Grill* ein ganz schön kranker Laden sein muss. Das erklärte Ziel des Restaurants ist es, die Leute fett zu machen. Es tarnt sich als Arztpraxis, nennt seinen Grillmeister Dr. Jon, die Bedienungen Krankenschwestern und die Gäste Patienten. Der *Heart Attack Grill* nimmt sowohl den Schlankheitswahn Hollywoods als auch das große Gewichtsproblem vieler Amerikaner dermaßen auf die Schippe, dass der Betreiber von der

Regierung zu einem Hinweis auf seiner Website aufgefordert wurde: »Die ›American Medical Association‹ hat Dr. Jon das Recht zur weiteren Ausübung der Medizin in den USA abgesprochen. Seine Krankenschwestern sind nicht vom Bundesstaat Nevada zertifiziert.« Wer mehr als 175 Kilo wiegt, darf im *Heart Attack Grill* umsonst essen – und wenn ein Gast seinen Burger nicht aufisst, bekommt er von seiner Krankenschwester den Hintern versohlt. Was für ein kranker Scheiß! Mit anderen Worten: Ja, den Laden hätte ich mir wirklich gern angesehen. Aber das wird leider nichts.

»Wir sind jetzt in Las Vegas angekommen«, krächze ich aus dem Shuttlebus in meine Kamera, um einen kurzen Gruß ins Internet zu schicken und von meiner Lage zu berichten. Ich habe mich entschieden, den Rest des Tages im Bett zu verbringen. Die Müdigkeit macht mir ganz schön zu schaffen. Dieses selbstgemachte Problem wäre nur halb so schlimm, wenn der Rest meines Körpers funktionstüchtig wäre. Aber die Kombination aus Erschöpfung und Krankheit zwingt mich, alle Pläne für Las Vegas über Bord zu schmeißen und mich erst einmal um mich zu kümmern. Die gesamte Reise aufs Spiel zu setzen wäre leichtsinnig.

Umso mehr kleben meine Augen an der Fensterscheibe, als die ersten Themenhotels an mir vorbeigleiten, die ich während unseres Aufenthalts vermutlich nur dieses eine Mal zu Gesicht bekommen werde: die pechschwarze Pyramide des *Luxor*, das Märchenschloss von *Excalibur*, die Stadtsilhouette des *New York, New York*. Und auch unser Hotel ist schon von weitem zu erkennen: das *Stratosphere* mit dem höchsten frei stehenden Aussichtsturm der USA. Ich muss gestehen, dass ich mir bei der Hotelsuche nicht sonderlich viel Mühe gegeben habe. Bei der Buchung eines Zimmers im *Bellagio* oder *Caesar's Palace* ist man nämlich leider ziemlich schnell ein kleines Vermögen los. Ich war auf das *Stratosphere*-Angebot für 30 Euro die Nacht gestoßen und hatte sofort auf den Buchungsbutton geklickt.

Pünktlich zur verabredeten Zeit um halb eins wartet Matt auf dem Hotelparkplatz auf uns. Sven und Philipp hatten mich vor der Reise auf die Unterwelt von Las Vegas aufmerksam gemacht. Von ihnen kam die Aufgabe, abseits der Glitzerwelt das Kanalsystem unter der Stadt zu erkunden, in dem viele Obdachlose leben. Sven gab mir sogar einen Namen mit auf den Weg: Matt O'Brien.

Der Mann ist Journalist und recherchierte 2002 für eine Artikelserie das Leben des pädophilen Mörders TJ Weber, der seine Frau und deren Sohn umgebracht und ihre Tochter vergewaltigt hatte. Inzwischen wurde Weber verurteilt und sitzt im Gefängnis, davor allerdings versteckte er sich in Vegas' Kanalisation vor der Polizei. Matt folgte ihm und entdeckte dabei zufällig, dass in jener Dunkelheit einige hundert Obdachlose leben. Von da an kam er regelmäßig mit Taschenlampe und Schlagstock (zur Selbstverteidigung) in das fast 500 Kilometer lange Labyrinth und lernte die Menschen – Arbeitslose, Drogenabhängige, Spielsüchtige – kennen. Scheinbar fernab vom Neonlicht des Strips, aber in Wirklichkeit genau darunter, fand er eine Welt, in der bittere Armut herrscht, Menschen ihre Drogen selbst kochen und einige sogar ganz normal zur Arbeit gehen. Darüber hat er das Buch »Beneath The Neon« veröffentlicht. Ich war völlig fasziniert, als ich davon hörte, und kontaktierte Matt.

»Ready to go?«, fragt er mich jetzt.

»Leider nicht«, beichte ich mit zusammengebissenen Zähnen und erzähle ihm, dass ich nicht mitkommen kann.

»Oh.« Ich kann den Ärger in seinem Blick verstehen. Er hat sich den Tag freigehalten und alles für unseren Besuch in den Kanälen arrangiert.

»Du kannst die Tour trotzdem machen, Thomas wird mit dir kommen.«

»Okay, cool. Let's go«, sagt Matt und winkt Thomas zu seinem Auto.

»Hast du die Zigaretten?«, rufe ich noch hinterher. Thomas nickt.

Matt hatte mich darauf vorbereitet, dass man bei den schwierigen Fällen nie wisse, ob sie einen guten oder schlechten Tag haben. Deshalb sollten wir besser ein paar Schachteln Zigaretten zum Verteilen mitbringen. Darüber würden sie sich freuen. Er selbst hat auch jedes Mal Socken, Unterhosen und Wasser dabei, wenn er den Menschen einen Besuch abstattet. Aber von alldem werde ich nichts mitbekommen. Als Matt und Thomas den Parkplatz verlassen haben, mache ich mich auf den Weg in mein Zimmer. Denn: Was sollte man unbedingt machen, wenn man 28 Stunden in Las Vegas ist? Na klar, schlafen.

Um zu den Aufzügen zu gelangen, muss ich das gesamte Kasino durchqueren. Dabei bemerke ich, dass Las Vegas mir gerade ein paar Nummern zu groß ist. Überall blinkt es, die Automaten piepsen irrsinnig schrill. Die Klimaanlage läuft auf Hochtouren, mein Aufzug kommt nicht, und so dauert es sechzehn Minuten, bis ich vom Parkplatz in meinem Zimmer angekommen bin. Sechzehn Minuten! In Berlin schafft man es in der Zeit zu Fuß vom Brandenburger Tor bis zum Checkpoint Charlie.

Mein Zimmer entspricht dem Preis. Die Ausstattung dürfte etwa 20 Jahre alt sein, es gibt ein klitzekleines Fenster, das natürlich nicht auf den Strip, sondern ins unspektakuläre Hinterland von Las Vegas zeigt. Ich sehe Seitenstraßen und dahinter die leere Wüste. Dafür ist der Raum so groß, dass ich Tango tanzen könnte – wenn ich denn Tango tanzen könnte.

Bei mir ist erst einmal Game over. In dem kleinen Computerspiel, das ich seit 48 Stunden spiele, musste ich, das lustige Hüpfmännchen, gegen den ersten fiesen Endgegner namens Fiebermonster antreten, um das nächste Level zu erreichen. Ich habe ein paar Mal mit Paracetamol, Aspirin plus C und anderen fiesen Waffen wie frischem Obst nach ihm geworfen. Aber das Monster war einfach zu stark. Es hat mich gepackt, geschüttelt und zu Boden geworfen. Mit letzter Kraft konnte ich mich auf das Klippo-Feld namens Hotelbett hieven, wo ich in diesem Moment das Bewusstsein verliere und hoffe, Reset drücken zu können, um das Spiel in ein paar Stunden von vorne zu starten.

Als ich aus unruhigem Schlaf wieder aufwache, hat Las Vegas bereits seine Neonlichter angeknipst. Ich wälze mich noch ein paar Minuten hin und her, bevor ich den Schalter der Nachttischlampe betätige und nach meiner Brille suche. Mein Handydisplay zeigt eine ungelesene SMS an.

»14:45 Uhr: Ich bin zurück aus den Kanälen. Schläfst du noch?« Inzwischen ist es halb sechs.

»Bin wieder wach«, tippe ich. Dann ziehe ich mir Hose

und T-Shirt an und tapere auf den Gang und zu Thomas' Zimmer.

Ich klopfe. Keine Reaktion.

Ich klopfe noch mal. Nichts.

Dann höre ich Schritte. Ein verschlafener Thomas mit kleinen Augen und wirrer Frisur öffnet die Tür.

»Oh, jetzt hast *du* wohl geschlafen, was?«, stelle ich fest und schieße hinterher: »Geile Frise!«

»Na, du scheinst ja schon wieder zu Scherzen aufgelegt zu sein«, murmelt Thomas und bittet mich herein. »Wie geht's dir?«

Ich bin noch etwas verpeilt, der Kopf dröhnt, und meine Stimme ist nicht ganz da. Aber mein Körper hat sich anscheinend ein wenig erholt und das Schlafdefizit von letzter Nacht ausgleichen können.

Ich komme mit Schlafmangel generell nicht so gut klar. Das weiß ich spätestens, seit ich Vater bin. Alles unter acht Stunden Schlaf ist indiskutabel. Der Tag danach kann einfach nur in die Hose gehen. Möglicherweise hat es in unserer Anfangszeit als Eltern sogar Nächte gegeben, in denen unser Sohn zum fünften Mal schrie und ich mich gemeinerweise einfach schlafend gestellt habe, bis Katrin endlich aufstand. Ich wollte einfach nur meine Ruhe haben. Aber das würde ich ihr gegenüber natürlich nie zugeben.

»Fieber ist definitiv noch da«, murmle ich.

»Kannst du heute Abend die Show machen?«

Wie das klingt! Als sei es das Normalste auf der Welt, in Las Vegas auf die Bühne zu gehen und sein Publikum zu begrüßen.

Nun, es gibt viele Menschen, für die das in der Tat Alltag

ist. Jan Rouven ist einer von ihnen. Der Rheinländer hat seit 2012 seine eigene Show am Strip. Er ist der erste deutsche Magier seit Siegfried und Roy, der in Las Vegas Fuß fassen konnte.

Vor der Reise kam von sehr vielen meiner Follower die Idee, mich in einer Show auftreten zu lassen. Mir war also schon früh klar, dass ich da wohl nicht drum herumkommen würde, weshalb ich vorsichtshalber meine Fühler ausgestreckt hatte. Und ich muss wirklich sagen: Das ging geschmeidiger als gedacht. Auf der Website von Jan Rouven steht der Kontakt zu seinem Manager und Lebensgefährten Frank Alfter, der früher selbst Magier war. Ich schrieb ihn an, fragte nach einem Gastauftritt und hatte drei Tage später eine Antwort im Postfach:

»Hallo nach Deutschland, klingt ja spannend, Ihre Aufgabenstellung. Wir würden Ihnen gern eine kurze Gastrolle als mitzaubernder Zuschauer auf der Bühne ermöglichen. An welchem Tag möchten Sie denn in die Show kommen? Beste Grüße aus Las Vegas, Frank Alfter.«

Ich konnte es gar nicht fassen! So einfach ist das? Und deshalb kann meine Antwort auf Thomas' Frage nur lauten: Logo, Alter! Das Adrenalin wird's richten. Wenn ich schon sämtliche andere Vorschläge für Las Vegas ignorieren muss, so will ich mir zumindest die Hauptaufgabe nicht nehmen lassen. Denn sind wir doch mal ehrlich: Einmal im Leben auf einer Bühne in Las Vegas stehen – das ist schon ein bisschen geil!

Wir nehmen uns ein Taxi zum *Riviera*, in dem die Show stattfindet. Weil wir etwas früh dran sind, Thomas mal wieder großen Hunger hat und auch ich den ganzen Tag noch nichts gegessen habe, setzen wir uns neben die Spielautomaten ins *Banana Leaf Café*. Appetit habe ich überhaupt keinen, aber ich denke an meinen Elektrolythaushalt und bestelle ein Grilled Cheese Sandwich.

»Wie war es in der Unterwelt?«, erkundige ich mich.

»Total krass«, erzählt Thomas. »Das war wie im Film. Ich kann überhaupt nicht begreifen, dass es so etwas wirklich gibt.«

»Erzähl!«

»Also, wir haben das Auto an diesem berühmten Las-Vegas-Straßenschild am Südende des Strips geparkt. Während dort Dutzende Touristen fürs Selfie posiert haben, sind wir auf der anderen Seite im Straßengraben verschwunden und in das Kanalsystem abgetaucht. Matt meinte, dass alles schnell gehen muss, damit keiner sieht, wo es hier hingeht.«

»Warum darf das keiner wissen?«, unterbreche ich Thomas.

»Das wusste ich zu dem Zeitpunkt auch noch nicht.«

Er erzählt, wie die beiden unter freiem Himmel durch eine Betonschneise liefen und sich hinter einer Ecke plötzlich ein großes Tunnelloch auftat. Der Eingang in die Unterwelt. Schon bald dahinter wurde es stockfinster, und Matt holte seine Taschenlampe raus.

»In dem Lichtkegel konnte ich erkennen, dass das hier keine gammelige Kanalisation ist, sondern ein picobello sauberer Tunnel.« Davon hatte ich gelesen. Mit der Kanalisation hat das unterirdische System in der Tat nichts zu tun. Die Tunnel wurden gebaut, damit die heftigen Regenfälle, die etwa zweimal im Jahr über Las Vegas hereinbrechen, nicht die Keller der Hotelkasinos unterspülen. Über die Kanäle werden die Fluten in die unbebaute Wüstenlandschaft abgeleitet.

»An den Wänden sah ich unzählige Graffiti«, erzählt Thomas weiter. »Malereien und Texte, die sich mit dem Leben und der Situation der Tunnelbewohner auseinandersetzen. An einer Wand standen zum Beispiel die Tunnelregeln: 1. Kein Jammern, 2. Kein Schreien, 3. Keine Drogen, es sei denn, wir teilen sie uns. Und ganz unten stand: Keine Cops.« Dann gab es von weiter hinten ein erstes Rascheln. Matt rief seinen Namen, um sich zu erkennen zu geben, und fragte, wer da vorne sei. Es war Patrick.

»Ein gutgekleideter Mann kam auf uns zu. Kein dreckiges Shirt, keine zerschlissene Hose. Er erzählte, dass er früher mal sehr wohlhabend gewesen sei, Las Vegas habe ihn reich gemacht. Eines Tages habe er dann alles verloren – warum, sei nicht so wichtig. Und dann berichtete er stolz, dass er heute drei Jobs habe, unter anderem in einem Shoppingzentrum, wo er die Einkaufswagen zusammenschiebt, und dass er gern hier unten lebe, weil er so das Geld für die Miete sparen würde.« Thomas erzählt, wie Patrick ihm seine Behausung zeigte, eine kleine Ecke, die er mit einem Tuch abgehängt hat – gerade genug Platz für eine alte Matratze und einen Einkaufswagen, der als Kommode und Tisch in einem dient.

»Alle 80 oder 100 Meter kam die nächste Wohneinheit. Dazwischen schien manchmal ein bisschen Tageslicht durch Abflussschächte in der Decke, durch die Pflanzen in den Kanal rankten. Die Menschen müssen dort unten ständig gebückt gehen, der Tunnel ist gerade mal 1,60 Meter hoch.«

»Das klingt ziemlich abenteuerlich«, stelle ich fest. »Wie

kriegen die Bewohner denn eigentlich mit, dass die Flut kommt?«

»Die Frage habe ich Jane und Rob auch gestellt. Die beiden sind ein Paar, das sich im Tunnel kennengelernt hat. Beide hatten früher ein ganz normales Leben, haben im Kasino gearbeitet und in ihrer Freizeit gespielt – bis sie eines Tages pleite waren und obdachlos wurden. Dann sind sie hierhergekommen und teilen sich seitdem eine Wohneinheit. Was die Flut angeht, scheinen sie ganz entspannt zu sein. Sie haben erzählt, dass man merkt, wenn der Regen stärker wird. Dann packen sie ihr Zuhause in Plastiktüten und Einkaufswagen und schaffen alles nach draußen. Dort warten sie, bis der Regen vorbei ist, und richten sich anschließend wieder neu ein. Jane hat gescherzt, das sei wie ein riesiger Wischmopp, der einmal das Wohnzimmer durchspült.«

»Und wovon leben die beiden?«

»Das kann ich mir auch nicht so richtig erklären. Sie sagten, dass sie gar nicht arbeiten würden, haben aber eine verhältnismäßig gut ausgestattete Tunnelwohnung: LED-Leuchten an der Decke, ein kleiner, batteriebetriebener Fernseher an der Wand. Und mit ihren Smartphones haben sie die ganze Zeit auf Facebook rumgespielt. Sie meinten, um was zu essen zu bekommen, gehen sie betteln und in die Suppenküche der Obdachlosenhilfe.« Übrigens habe kein Einziger, den Thomas getroffen hat, Alkohol getrunken oder eine Fahne gehabt. Sie seien alle sehr aufgeschlossen und nett gewesen.

»Ihre größte Sorge ist, dass irgendwann die Junkies von der Straße den Eingang nach unten finden und ihnen das Leben schwermachen.« Was für eine Geschichte! Unter dieser

Stadt, in der es ausschließlich um Geld geht, verstecken sich Menschen, die genau dieses Geld kaputtgemacht hat.

Während Thomas erzählt, stochere ich appetitlos in meinem Sandwich herum. Vor mir liegt ein labbriger Doppeltoast, aus dem fettiger Cheddar herausquillt. Sonst nichts. Ich weiß gar nicht genau, was ich bei der Beschreibung Grilled Cheese Sandwich erwartet habe, aber so ein Salatblättchen, eine Tomate oder wenigstens ein Gurkenscheibchen wären für zwölf Dollar schon ganz nett gewesen.

Ich bekomme kaum einen Bissen runter. Könnte aber auch an meiner Aufregung wegen des anstehenden Auftritts liegen.

Am Ende des Kasinos führt eine Rolltreppe in den ersten Stock, in dem sich das *Starlite Theater* befindet – übrigens ein altehrwürdiges Etablissement: Hier standen schon Barbra Streisand, Elvis Presley und Frank Sinatra auf der Bühne. Allerdings zeigt sich im Vorraum, dass das Adjektiv altehrwürdig nicht zwangsläufig mit geschmackvoll gleichzusetzen ist. Das Foyer ist ein kalter, farbloser Raum mit Spiegelwänden. Nicht sehr gemütlich. Der einzige Farbklecks ist ein lilafarbenes Podest, auf dem der Schriftzug Jan Rouven und der Name seiner Show »Illusions« stehen. Ich schätze, hier wird nach dem Auftritt die Autogrammstunde mit den Fans stattfinden, die sich bereits am Eingang tummeln. Während wir auf den Einlass warten, geht eine unscheinbare Tür in der Wand hinter uns auf. Frank Alfter streckt seinen Kopf durch die Lücke und winkt uns zu sich heran.

»Du bist Christoph, oder? Ihr könnt mitkommen.«

»Dürfen wir hier reinkommen?«, versichere ich mich noch einmal, als wir am Ende eines kahlen Ganges bei der Künstlergarderobe ankommen. Im nächsten Moment hält mir ein Mann mit schwarzem Iro eine Tüte Tortilla Chips unter die Nase. Das ist er also, Jan Rouven – ein kleiner Kerl, der sich mit Hilfe seiner Frisur gut 20 Zentimeter größer macht. Einer, für den es Alltag ist, abends an den Strip zu fahren und auf einer Bühne ein erwartungsfrohes Publikum zu unterhalten. Beim Betreten seiner Garderobe habe ich das Gefühl, eine Grenze zu passieren. Draußen stehen die Fans Schlange und warten darauf, von ihrem Star, diesem quirligen Deutschen mit lustigem Akzent, verzaubert zu werden. Und fünf Meter weiter, hinter der Wand, sitzt dieser Celebrity und reicht mir seine Chipstüte rüber.

Jan Rouven ist der lebende Beweis, dass nicht alle Protagonisten der bekannten Auswanderersendungen im deutschen Fernsehen scheitern. In der Regel sieht man dort ja diese Wahnsinnigen, die ohne jegliche Thai-Kenntnisse ein Tattoostudio in Bangkok aufmachen oder ihren superreichen Traumprinzen in den Hollywood Hills finden wollen. Allerbestes Fremdschämfernsehen. Auch Frank Alfter und Jan Rouven haben sich vor einigen Jahren filmen lassen, wie sie versucht haben, in Las Vegas Fuß zu fassen. Und auch bei ihnen war es kein leichtes Unterfangen. Die Sendung zeigte einige weniger erfolgreiche Gespräche mit verantwortlichen Bookern von Shows auf der Fremont Street in Downtown Las Vegas. Der Versuch, Jan Rouven als deutschen Import in den Staaten zu etablieren, wirkte teilweise ein wenig verzweifelt.

»Der Anfang hier in Vegas war tatsächlich nicht einfach.

Frank und ich haben hier immer unsere Urlaube verbracht und sind währenddessen richtig Klinken putzen gegangen«, erzählt Jan. »Ich bin mit meinem Videotape von Tür zu Tür gegangen und habe mich vorgestellt. Hier wusste natürlich niemand, wer Jan Rouven ist – auch wenn ich in Deutschland schon ein bisschen bekannt war.« Und das übrigens nicht nur durch die Auswandererdoku, sondern durch Auftritte in Freizeitparks, Varietés und seine Teilnahme bei der Zauberer-Castingshow »The Next Uri Geller«.

»Dann irgendwann kam meine Chance beim ›October Fright Fest‹, einer Mischung aus Halloween-Party und deutschem Oktoberfest.« Das war der Anfang von allem. Die Show kam gut an, man verlängerte sein Engagement, bis irgendwann der Unterhaltungschef vom *Riviera* im Publikum saß und sich sicher war: Den muss ich haben!

Seitdem läuft das Leben des Mittdreißigers und seines 20 Jahre älteren Partners ziemlich rund. »Ich wohne sehr schön, 20 Minuten vom Strip in einer Oase der Ruhe – mit Palmen und Swimmingpool.« Ich kann mir ungefähr vorstellen, was für eine Bude das ist.

»Ist das Leben in Las Vegas echt genug?«, möchte ich mit krächzender Stimme wissen.

»Ja klar«, schießt es aus Jan heraus. Aber was soll er auch sagen? Sein ganzes Leben schon träumt er von dieser Stadt. Schon so lange er denken kann, will er Magier sein. Mit sechzehn war er das erste Mal hier, um sich eine Show von Siegfried und Roy anzusehen. Inzwischen nennt er die beiden seine Freunde – und darf sogar einen ihrer Tricks aufführen. Ist doch klar, der Mann lebt seinen Traum. Für einen Magier, der seine Erfüllung in der Darstellung von Illusionen findet, ist dieses künstliche, schillernde Stripleben wahrscheinlich das echteste, was er sich vorstellen kann.

»Was mich als kontaktfreudigen Menschen vielleicht ein wenig stört, ist, dass es mit den Nachbarn hier nicht so wie in Deutschland ist. Hier klingelt man nicht mal eben nebenan und fragt nach einem Ei für den Kuchen. Die Menschen gehen sich sehr aus dem Weg«, erzählt Jan. Frank, der am anderen Ende des Raumes gerade in einen Vertragsentwurf vertieft ist, schaltet sich ein: »Mir gefällt es sehr gut, dass ich hier in Ruhe gelassen werde.« Er setzt seine Lesebrille ab, lehnt sich zurück und schlägt die Beine übereinander. »Amerika ist bekanntermaßen sehr oberflächlich. Das ist zum Urlaubmachen super, weil hier gleich jeder dein bester Freund ist. Aber es geht halt nicht in die Tiefe. Und das ist für mich perfekt. Ich brauche das nicht. Man kann hier sehr angenehm leben, weil die Leute einen nicht nerven.«

»Man muss aber auch ganz klar sagen«, nimmt Jan den Faden wieder auf, »wenn man hier in Las Vegas keinen Job und kein Geld hat, dann macht's keinen Spaß.« Ich muss an die Menschen im Kanalsystem denken und frage mich, wer von den Robs und Janes und Patricks wohl jetzt gerade unter uns durchs tiefschwarze Dunkel kriecht. Aber dann werde ich aus meinen Gedanken gerissen, denn – so absurd das im direkten Vergleich klingt – gleich ist Showtime! Ich habe noch keine Ahnung, was Jan Rouven heute Abend mit mir vorhat.

»Wird es weh tun?«, erkundige ich mich.

»Es könnte weh tun«, antwortet er nach kurzem Zögern. »Es hat noch nie weh getan, aber es könnte …«

»Oh man«, seufze ich und lache gleichzeitig. »Hast du einen guten Tag heute oder nicht?«

»Ja, ich hab einen ziemlich guten Tag heute.« Da bin ich aber beruhigt.

Die Zuschauer haben bereits ihre Plätze gefunden, als wir den Saal betreten. Er ist nicht groß und hat keine festen Sitzreihen wie andere Theater. Er wirkt eher wie ein dunkles Café mit Sesseln und Stühlen, die an Bistrotischen stehen. Das Design: Zebralook. Geschmackssache, meins ist das eher nicht.

Aus den Lautsprechern tönt eine tiefe Stimme: »Now sit back, relax and enjoy as we take you on an unbelievable journey into the magic, mystery and imagination of master illusionist Jan Rouven!« Fünf Tänzerinnen und Tänzer entern die Bühne und performen zu einer Danceversion von Adeles »Rolling In The Deep«. Dann erscheint Jan auf der Bühne und zeigt seinen ersten Trick. Er sticht spitze Speere durch eine Box, in der eben noch seine Assistentin saß. Doch als er die Seitenwände der Box entfernt, ist sie – natürlich – wie vom Erdboden verschluckt. Jan lässt scharfe Schwerter auf sich heruntersausen, als er auf dem Bett des Todes liegt. Er befreit sich aus Fesseln, während zwei rotierende Kreissägenblätter darauf warten, ihn zu zerfleischen – und er lässt sich ohne Sauerstoffmaske in einen gefüllten Wassertank sperren. Ich stelle fest: Jan Rouven zieht wirklich alle Register. Bis auf die Tatsache, dass ich als kleiner Steppke mal einen Zauberkasten besaß, hat mich Magie nie sonderlich interessiert. Aber so eine Show live zu sehen und keine Ahnung zu haben, was da vorne eigentlich passiert, macht wirklich Spaß. Und ich bin mir trotzdem sicher: Meinen Trick werde ich natürlich durchschauen!

»What's your name?«, fragt Jan, als er mit einem Messer auf mich zukommt und mich bittet, zu checken, ob es sich wirklich um ein echtes, scharfes Messer handelt. Ich antworte und werde von ihm daraufhin auf die Bühne gebeten: »Put your hands together for Christoph!« Ein Messer, natürlich. Hätte es nichts Ungefährliches sein können? Oder soll ich hier in Las Vegas nach meiner Stimme auch noch meine Gliedmaßen verlieren?

Jan macht ein paar Witze über mein lustiges Gekrächze und sagt, dass er lieber nicht wissen wolle, was letzte Nacht passiert sei. Das Publikum lacht dreckig. Dann stellt er mich an die Seite und holt eine weitere Zuschauerin auf die Bühne.

»Mandy, komm ein Stück näher«, sagt er zu ihr. »Wir haben hier fünf Ständer und fünf Papiertüten.« Ihre Aufgabe sei es nun, das Messer auf einem der Holzständer zu platzieren, jeden Ständer mit einer Tüte zu bedecken und anschließend alles einmal durchzumischen. Damit wir – Jan, das Publikum und ich – davon nichts mitbekommen, verdeckt er den Tisch, auf dem das alles passiert, mit einer Blende und dreht uns schließlich mit dem Rücken zu Mandy in Richtung Zuschauer.

»Gleich wird es deine Aufgabe sein, dich auf deine innere Stimme zu verlassen«, erklärt Jan, und Mandy ruft von hinten, dass sie fertig ist.

»Hast du eine Idee, wo sich das Messer befindet?«, fragt Jan in meine Richtung.

»Nein, ich habe keine Ahnung«, antworte ich wahrheitsgemäß. Woher denn auch?

»Das ist nicht gut. Denn du wirst das Messer jetzt finden müssen.«

Ich stelle mich wieder auf die rechte Bühnenseite, gut zwei Meter von dem Zaubertisch entfernt. Eine Assistentin betritt die Bühne und hält mir ein Mikro unter die Nase. Vermutlich hat die Regie Mitleid mit meinen Stimmbändern. Unterdessen geht Jan Rouven zur ersten Tüte, hält seine Hände darüber und fragt mich, ob sich das Messer darunter befindet.

»Ich habe wirklich keine Ahnung«, sage ich leicht verzweifelt und füge hinzu: »Ich vermute, ich habe meine äußere und meine innere Stimme verloren.« Ein Riesenjoke, das Publikum flippt aus. Also, zumindest in meiner Wahrnehmung. Dann versuche ich, mich in die Lage eines Zauberers zu versetzen, der die Spannung seines Tricks so lange wie möglich aufrechterhalten möchte, und bin mir sicher, dass sich das Messer nicht gleich unter der ersten Tüte befindet.

»Ist das Messer hier drunter?«, wiederholt Jan.

»Nein?«, sage ich vorsichtig, und Jan lässt seine Hände nach unten sausen. Die Tüte wird dem Erdboden gleichgemacht, und das Blut spritzt – nicht. Alles gutgegangen. Auch unter der zweiten Tüte wird das Messer nicht sein, der Stunt wäre zu schnell vorbei. »Nein«, sage ich diesmal etwas selbstbewusster. Wieder recht (oder Glück?) gehabt. Es befinden sich noch drei Tüten auf der linken Seite des Tisches. Die mittlere vernichten wir im nächsten Schritt erfolgreich, und so bleiben noch genauso viele Tüten übrig, wie ich Hände habe.

»Wie fühlst du dich?«, fragt Jan Rouven.

»Meine Knie zittern«, antworte ich.

»Gib mir deine Hand«, sagt er schließlich und zerrt mich

an seinen Zaubertisch. Mein »No, no, no, no!« ignoriert er gekonnt – schon stehe ich hinter den beiden übriggebliebenen Papiertüten und halte meine Hände darüber.

»Ich habe morgen Abend wieder eine Show, dafür brauche ich beide Hände«, flachst Jan. »Schließe bitte deine Augen.«

Meine Hände sind feucht. Eigentlich habe ich kein großes Problem damit, auf Bühnen zu stehen. Als Landfunkmoderator, der ich einst war, kam es durchaus häufiger vor, dass ich so exklusive Events wie das Wettrutschen im Hallenbad auf Sylt moderieren musste. Da hatte man am Ende des Tages zwar auch manchmal keine Stimme mehr, aber immerhin kein Blut an den Händen. Das ist hier gerade anders.

»Vertraue einfach darauf, was du fühlst«, sagt Jan und hält meine Hände in einem gewissen Abstand zu den Tüten fest. »Wo ist das Messer? Unter deiner rechten oder unter deiner linken Hand? Heb die Hand, bei der du etwas gefühlt hast.« Dann lässt er meine Hände los, und ich stehe allein da. »Heb die Hand, bei der du etwas gefühlt hast«, wiederholt er noch einmal. Ich zögere, schüttele noch einmal höchstdramatisch den Kopf und hebe schließlich meine linke Hand.

Im nächsten Moment – meine Augen sind noch immer geschlossen! – spüre ich, wie Jan nach meiner rechten Hand greift und sie mit voller Wucht auf die Tüte drückt. Das Publikum erschrickt sich, einige Frauen geben ängstliche Laute von sich – bis alle im Saal inklusive mir feststellen, dass alles gutgegangen ist, weil sich das Messer tatsächlich unter der linken Tüte befindet. Ich schlage die Hände über meinem Kopf zusammen, im Saal bricht Jubel aus, und Jan Rouven ruft mir zu: »Jetzt kennst du die Kraft deiner inneren Stimme. Nimm dieses Gefühl mit nach Hause!« Großer Applaus, einmal durchatmen, Christoph ab.

Ich setze mich wieder auf das plüschige Zebrasofa und denke bis zum Schluss der Show darüber nach, wie Jan Rouven den Trick inszeniert hat – denn machen wir uns nichts vor: Mit überirdischen Fähigkeiten ist hier nun wirklich nicht zu rechnen. Sollte Jan mir irgendein Zeichen gegeben haben, unter welcher der beiden Tüten sich das Messer befindet (was ich natürlich weder jemals bestätigen noch dementieren würde, Magierehrenwort), ist noch immer nicht klar, woher er selbst wusste, wo das Messer ist. Ich konnte die Ständer und die Tüten von allen Seiten sehen und habe keine Markierung entdeckt. Sie wäre letztlich auch wertlos, da Mandy das Messer unter jeder Tüte hätte platzieren können. Da bringt eine Markierung also gar nichts. Einen Magneten zum Fühlen des Messers hatte er auch nicht in der Hand, den hätte ich gesehen. Die einzige Vermutung, die bleibt: Die Zuschauerin ist in Wirklichkeit eine Assistentin und das Messer an jedem Abend an derselben Stelle. Aber auch das kann ich mir nicht wirklich vorstellen. Sie wird ja nicht jeden Abend mit ihrer ganzen Familie in der Show sitzen, so wie sie es heute Abend getan hat. Oder etwa doch? Das wäre ein interessanter Job.

Draußen im Foyer merke ich, wie sehr Jan das Bad in der Menge genießt. An einem Stand verkaufen Frank und seine Mitarbeiter Merchandising: T-Shirts, Gesellschaftsspiele, Mousepads mit Jans Gesicht drauf. Währenddessen schreibt der Star Autogramme und lässt sich auf dem lilafarbenen Podest mit seinen Fans fotografieren. Nächsten Monat wird Jan Rouven in ein größeres Theater am Strip umziehen.

Dort werden dann 1.200 Zuschauer hineinpassen. Als wir uns verabschieden, umarmen wir uns. Wieder eine flüchtige Begegnung, aber wieder fühlt sie sich sehr ehrlich an. Er wünscht mir eine gute Besserung und hofft, dass ich die Reise zu Ende bringen kann. Und ich gönne ihm seinen Erfolg von Herzen, weil er ihn sich ganz offensichtlich hart erarbeitet hat. Er schafft den Spagat, sich draußen bei den Leuten als echter Star feiern zu lassen und hinter den Kulissen ein ganz aufmerksamer bodenständiger Junge aus dem Rheinland zu sein, der – sollte es in Vegas einmal nicht mehr so gut laufen – einfach zurück nach Deutschland kommen würde: »Dann könnte ich wenigstens endlich wieder jeden Tag Mettbrötchen essen.«

Das Adrenalin in meinem Körper ist längst wieder abgebaut, als wir das Theater verlassen und über den Strip spazieren. Der Mittelstreifen ist von Palmen gesäumt, ein paar getunte Karren cruisen durch die Gegend, und über uns flackert Leuchtreklame, als die altbekannten Symptome zurückkommen. Vielleicht sollte ich mal einen Arzt aufsuchen? Mir graut es davor. Ich bin zwar auslandskrankenversichert, aber ich weiß nichts Genaues über das amerikanische Gesundheitswesen und vor allem darüber, wie sehr es Ausländer zur Kasse bittet. Doch darüber brauche ich erst mal gar nicht weiter nachzudenken, es ist halb zehn und ich habe nicht vor, die Nacht im Wartezimmer eines Krankenhauses zu verbringen.

Die Alternative: Ich steuere *Walgreens* an, um zu schauen, was die Drogerieregale so zu bieten haben.

»Das hier kannst du zum Schlafen nehmen«, berät mich

ein etwas grimmiger, aber hilfsbereiter Mitarbeiter. »Das wird dich müde machen.«

»Und gibt es auch etwas, das ich tagsüber nehmen kann, ohne danach einzuschlafen?«

Schließlich kaufe ich einen Saft, der in Deutschland als Wick MediNait durchgehen würde, und ein paar Tabletten, die gegen Kopfschmerzen, Fieber, Halsschmerzen und Husten helfen sollen. Genau meine Baustelle.

Um 22 Uhr liegen zwölf Stunden Las Vegas hinter mir, noch knapp sechzehn vor mir. Insgesamt bin ich seit 60 Stunden unterwegs. Ein Viertel der Reise ist also bereits vorbei.

Als ich im Hotelzimmer meinen Laptop aufklappe, bemerke ich, dass der nächste Tag in Deutschland schon begonnen hat. In meinem Postfach stapeln sich Nachrichten:

»Oje, halte durch. Gute Besserung!«

»Zieh dich ordentlich an im Flieger!«

»Meerschweinchensuppe ist gut gegen Erkältung.«

Ich bin total gerührt von so viel Anteilnahme und Unterstützung, die sich auf mein kurzes Krankheitsvideo beziehen. Natascha geht sogar noch einen Schritt weiter und überlegt sich ein kluges A- oder B-Voting für die nächste Station Neuseeland: »Du könntest A) die schulmedizinische Versorgung von Auckland testen versus B) einen Maori-Heiler konsultieren. Gute Besserung!« Vor allem aber solle ich mich endlich einmal ausschlafen. Und damit haben meine Follower so was von recht. Ich habe für morgen früh keine Pläne und keine Termine, und das ist gut so. Es ist gerade mein allergrößter Wunsch, einfach Ruhe zu haben und durchzuschlafen – im Liegen. Um elf klappe ich den Laptop zu, nehme meinen Schlummertrunk zu mir und schlafe umgehend ein.

Als ich wieder aufwache, habe ich das Gefühl, den kompletten nächsten Tag verschlafen zu haben. Eine ganz große Schwere hat meinen Körper im Griff. Das muss ein gutes Zeichen sein. Ich segele gerade von ganz weit weg zurück ins Hier und Jetzt, Stück für Stück, bis ich wieder auf meinem Hotelbett liege.

Ich greife nach Brille und Uhr und kann nicht glauben, was ich sehe. Es ist 2:17 Uhr. Ich habe gerade einmal drei Stunden geschlafen. In Deutschland ist es fast mittags, der Jetlag hat gnadenlos zugeschlagen. Mir ist es ein absolutes Rätsel, warum mein Körper seinen antrainierten Rhythmus konsequent über seine eigentlichen Bedürfnisse stellt. Ich gebe ihm nun wirklich genügend Gelegenheit, Prinzipien über Bord zu werfen. Es scheint ihn aber nicht sonderlich zu beeindrucken, dass ich mich nach wie vor krank und schwach fühle. Ich bin hellwach.

Je mehr ich darüber nachdenke, dass ich besser wieder einschlafen sollte, desto mehr steuere ich in eine Gedankenspirale, aus der ich nicht mehr herauskomme. Mir fallen Dinge ein, die ich noch erledigen muss. Auf meinem Computer liegt eine unbeantwortete E-Mail aus Auckland, die meine Planung für Neuseeland betrifft. Aber allein der Gedanke daran, diese Mail beantworten zu müssen, überfordert mich maßlos. Ich spüre, wie mein Bauch anfängt, sich zu drehen. Ist der Mietwagen für Neuseeland reserviert? Autsch. Wird mit dem Paket, das ich für Kathmandu organisiert habe, alles klappen? Autsch. Ich hab für den nächsten

Flug ja noch nicht mal eingecheckt! Bei jedem Gedanken, der mir durch den Kopf schießt, formt sich mein Inneres mehr zu einem riesigen Klumpen, der mich im Sekundentakt zwickt. Keine Verdauungsprobleme, mein Kopf ist in den Bauch gewandert. Wie gelähmt liege ich in meinem Bett, starre an die Decke und fühle mich hilflos. Dinge, die ich seit Monaten ohne Schwierigkeiten mache (Hotelzimmer buchen, Zeitpläne organisieren, gesund sein), sorgen plötzlich dafür, dass ich mich nicht mehr bewegen kann. Ich habe so etwas noch nie erlebt.

Ich bin ein sehr rationaler Mensch und versuche, mir die Situation zu erklären: dass sich mein Körper gerade auf seine wesentlichsten Bedürfnisse konzentriert, nämlich wieder gesund zu werden, und ich wegen Schlaf- und Nahrungsmangel einfach nicht genügend Energie habe, um mich darüber hinaus um Dinge wie Online-Check-ins zu kümmern. Und trotzdem: Wenn ich meine Gedanken darauf lenke, in wenigen Stunden in ein Flugzeug zu steigen, das mich zwölf Stunden lang über den Pazifik ans andere Ende der Welt bringt, fühle ich mich hundeelend. Ich vergrabe meine Hände in den Augenhöhlen und verharre in dieser Position, bis ich schließlich eine Entscheidung getroffen habe.

Um fünf Uhr raffe ich mich auf, um bei Thomas zu klopfen. Es steht fest: Die Reise ist vorbei. Ich werde abbrechen. Diesen Mix aus Schlafmangel, Stress und Krankheit kann ich nicht länger ertragen. Das Computerspiel ist zu Ende, mein Endgegner hat gewonnen. Fiebermonster 1 – Christoph 0.

Ich klopfe. Nichts rührt sich hinter der Tür. Ich klopfe noch einmal, allerdings etwas vorsichtiger und in der leisen Hoffnung, dass ich Thomas vielleicht doch nicht wach mache. Immerhin einer von uns beiden schläft gut. Ich belasse es dabei und schlurfe zurück auf mein Zimmer.

Auf dem Laptop öffne ich Flugbuchungsseiten. Wie schnell komme ich heute für wie viel Geld nach Hause? Am günstigsten ist eine Verbindung mit zwei Zwischenstopps: knapp 600 Euro. Dauert allerdings 50 Stunden – mit dreizehn Stunden Aufenthalt in New York und 22 in Moskau. Dieser Rückflug allein wäre schon eine weitere Weltreise. Verbindungen mit nur einem Umstieg liegen bei fast 2.000 Euro und sind damit ausgeschlossen. In drei Tagen sähe es schon besser aus. Direkt nach Frankfurt und dann weiter nach Hamburg: ebenfalls rund 600 Euro. Noch ein paar Tage hierbleiben, bis es mir wieder besser geht – und dann ab nach Hause? Ja, das klingt nach einer Option.

Um sieben Uhr versuche ich es erneut an Thomas' Tür. Diesmal höre ich gleich ein Rascheln, dann ein Tapsen und schließlich die Türklinke. Wieder steht er da mit wirrem Haar.

»Thomas, ich glaube, es ist vorbei«, sage ich und gucke ziemlich bedröppelt.

»Schade«, entgegnet er. »Aber ... okay, dann ... ist es wohl vorbei.«

Er bittet mich herein, und ich erzähle ihm, dass ich nur drei Stunden geschlafen habe und seit fünf Stunden wach liege, dass die Symptome noch immer die gleichen sind, meine Stimmung aber ziemlich beschissen ist.

»Ich hatte echt gedacht, dass dir die Show wieder einen Schub nach vorne geben würde«, sagt Thomas.

»Ja, das dachte ich auch. Adrenalin ist anscheinend die vergänglichste aller Drogen.«

Dann sitzen wir ein paar Minuten da und sagen nichts.

Auch für Thomas endet diese Reise abrupt. Er könnte sie natürlich allein zu Ende bringen, nur so aus Spaß. Wahrscheinlich denkt er sogar kurz darüber nach. Aber auch ihm und seiner Kamera würden fortan Motivation und Motiv fehlen, sagt er. »Diese Reise hier ist deine Reise. Ohne dich und das, was du organisiert hast, funktioniert sie nicht.« Vermutlich hat er recht.

»Aber«, wirft Thomas noch ein, »du gehst heute auf jeden Fall zu einem Arzt! Ich will endlich wissen, was du hast.« Ja, ich auch. Diese ganze Selbstdiagnosescheiße ist doch riesengroßer Mist. Was weiß ich schon über meinen Zustand?

Mit leeren Köpfen und leerem Blick sitzen wir um acht Uhr im Taxi und verlassen uns auf die Ortskenntnis des Fahrers.

»Kennen Sie einen Allgemeinmediziner in der Gegend?«, frage ich.

»Auf dem Charleston Boulevard gibt es eine Privatpraxis. Sind Sie versichert?«

»Ja, bin ich«, antworte ich. »Klingt gut, da fahren wir hin.«

Wenige Minuten später lerne ich, dass es vielleicht doch nicht so gut klingt und ich wirklich überhaupt keine Vorstellung vom amerikanischen Gesundheitssystem habe.

»Ich schicke Sie gern in das Behandlungszimmer«, sagt der nette junge Mann an der Anmeldung. »Allerdings muss ich Sie darauf hinweisen, dass dies eine Privatpraxis ist und wir eine Grundgebühr von 225 Dollar berechnen.«

»Was beinhaltet die?«, erkundige ich mich.

»Nun, im Grunde genommen – gar nichts.« Ich verstehe nicht ganz. »Sie zahlen 225 Dollar, sobald Sie den Behandlungsraum betreten haben. Darauf folgen weitere Gebühren, je nachdem, was der Doktor untersucht, diagnostiziert und verschreibt.« Ich lege meine Stirn in Falten.

»Sie sind aus Deutschland, richtig?«, fragt der Mann. »Ich weiß, dass das bei Ihnen ganz anders läuft. Deshalb wollte ich es Ihnen vorher sagen. Vielleicht ist es besser, wenn Sie in ein öffentliches Krankenhaus gehen. Dort starten die Preise bei 70 Dollar.«

»Vielen Dank für den Tipp«, sage ich aufrichtig. »Gibt es eins in der Nähe?«

Er reicht mir einen Zettel mit Adressen von Krankenhäusern. »Das University Medical Center liegt auch hier am Charleston Boulevard.«

Auf meine Frage, ob es zu Fuß zu erreichen sei, druckst er etwas herum.

»Ja, theoretisch können Sie laufen. Ich würde mir aber lieber ein Taxi nehmen.«

Zurück auf der Hauptstraße, kann ich mir ein Lachen nicht verkneifen. Ich kann das große Logo am Gebäude des UMC schon von weitem sehen, das Haus ist gerade einmal zwei Blocks entfernt. Eine Strecke, für die sich der gemeine Amerikaner offenbar »lieber ein Taxi« nimmt.

Am Krankenhaus angekommen, ist unser Spaziergang noch nicht zu Ende. Das UMC ist ein riesiger Komplex. Ich frage an der Anmeldung, wo ich hinmuss. Die nette Dame erklärt mir den Weg – vorbei an Skulpturen und Kioskständen. Nach zwei Ecken habe ich allerdings vergessen, wie das Labyrinth weitergeht und muss erneut fragen. Wieder lange hellbraune Gänge, verwinkelte Abzweigungen – und keine Fenster. Ich komme mir vor wie in einer Folge »Scrubs« oder

»Emergency Room«. Meine Hollywood-Erkenntnis des Tages: Amerikanische Krankenhäuser sehen wirklich so aus!

In der Notaufnahme bekomme ich ein FedEx-Formular zugeschoben, das ich bitte ausfüllen soll – damit man mir später die Rechnung zuschicken könne. Na klar. Eine Arzthelferin misst meinen Blutdruck und befestigt so ein Neugeborenenetikett mit Namen an meinem Handgelenk, damit ich nicht verlorengehe. Dann fragt sie mich nach meinen Symptomen und in welchen Ländern ich mich kürzlich aufgehalten habe.

»Deutschland und Peru«, antworte ich.

»Bist du gegen Gelbfieber geimpft, Honey?« Ich nicke. »Gut, dann können wir das ausschließen. Was ist mit Westafrika?«

»Nein, da war ich nicht.«

»Du warst also nicht kürzlich in Guinea oder Sierra Leone oder…?«

»Wie gesagt«, unterbreche ich die Frau. »Nur Deutschland und Peru.«

»Ich wollte nur sichergehen, Sweetheart.«

Wir befinden uns zwar gerade mitten in der Ebola-Epidemie, aber wenn ich etwas bei mir ausschließen kann, dann Ebola.

»Nimm bitte noch einen Moment im Warteraum Platz.«

Auf dem Fernseher über den Sitzreihen läuft das Frühstücksfernsehen. Ich schaue auf die eingeblendete Uhrzeit und ertappe mich dabei, wie ich rechne: nur noch fünfeinhalb Stunden bis zum Weiterflug nach Los Angeles.

»Emily Willow and Christopher … äh, Christoph … what is this? Kärräsh, please.«

Wer ist Emily Willow? Ich drehe mich um und sehe eine bullige kurzhaarige Frau auf mich zukommen, ihr linker Arm hängt in einer selbstgebastelten Schlinge. Wir haben genügend Zeit, uns zu unterhalten, der Weg in den Behandlungstrakt ist weit. Emily spielt American Football und hat sich gestern Abend beim Training die Schulter ausgekugelt – vermutet sie. »Und wer bist du?«, erkundigt sie sich. Och, denke ich. Ich bin Christoph, ich reise gerade um die Welt und habe ... Fieber. Klingt ein bisschen niedlich.

Wir landen im selben Raum. Emily nimmt die rechte Liege, ich die linke. Dann werden wir durch einen Vorhang mit Blümchenmuster getrennt. Mehr Privatsphäre braucht kein Mensch.

Doktor Stephen gesellt sich auf meine Seite des Vorhangs. Sie stellt dieselben Fragen wie ihre Kollegin vorher. »Sie reisen also viel. Waren Sie kürzlich in Westafrika?« Och, Leute.

Dann endlich legt sie Hand an. Sie untersucht Hals, Ohren, Augen, Lymphknoten und meine Temperatur. »Nichts Auffälliges«, sagt sie. Keine Rötungen. Nichts, was auf eine bakterielle Erkrankung hindeute. »Sie haben sich einen Grippevirus eingefangen. Sie wissen, was das bedeutet?«

»Dass Sie mich nicht behandeln können?«

»Genau, ein viraler Infekt lässt sich nicht medizinisch kurieren. Der muss von allein wieder raus. Wir können lediglich die Symptome lindern. Wie lange fühlen Sie sich schon krank?«

Ich überlege. Dabei fällt mir ein, dass ich das erste Halskratzen schon bei der Zwischenlandung in Madrid gespürt hatte. Das heißt, ich habe mir den Mist tatsächlich noch in Deutschland geholt. Und weil es ein Virus ist, konnten all die Medikamente und Fiebermittel der letzten 24 Stunden auch nichts ausrichten. Zum ersten Mal macht alles Sinn. Es muss passiert sein, als ich in Kiel am Tag vor der Abreise im kahlen, mit kranken Menschen beladenen Gang auf Doktor Hauser gewartet hatte. Denn wo wird man krank? Natürlich, im Krankenhaus. Das ist jetzt vier Tage her.

»Dann sind Sie fast durch«, beruhigt mich die Ärztin. »Nach vier bis fünf Tagen geht es einem meist schlagartig besser. So als wäre nichts gewesen.«

»Ich soll in ein paar Stunden nach Neuseeland fliegen. Denken Sie, dass ich das machen kann? Oder bin ich noch ansteckend?«, frage ich.

»Nein, das Ansteckungsrisiko können Sie ausklammern. Die Frage ist, ob Sie es sich körperlich zutrauen, eine so lange Reise auf sich zu nehmen.« Sie gibt mir die Hand und läuft mit flatterndem Kittel den Gang hinunter. Ich halte inne und schaue ihr einen Moment lang hinterher. Dann dreht sie sich noch einmal um: »Überlegen Sie doch mal: Hotelzimmer oder Flugzeug … Wo Sie den Virus auskurieren, ist ganz egal. Schlecht wird es Ihnen bis morgen eh noch gehen. Und wann hat man schon mal die Chance, nach Neuseeland zu fliegen?«

Bäm, das hat gesessen.

Urplötzlich fallen alle Zweifel und Ängste von mir ab. Vielleicht weiß sie es gar nicht, aber diese Frau ist ein Genie! Sie schafft es, mal eben so all meine Sorgen zu zerschmettern – weil sie in einem Satz auf den Punkt bringt, warum ich all das hier mache. Ich möchte da draußen in der Welt unterwegs sein. Ich möchte all die Orte besuchen, von denen wir Menschen träumen.

*Wann hat man schon mal die Chance, nach Neuseeland zu fliegen?*

In diesem Moment wird mir klar, dass ich schon fast da bin. Der Pazifik, das größte Meer unserer Erde, liegt zwar noch immer zwischen mir und meinem nächsten Ziel. Aber ich bin seit vier Tagen auf dem Weg dorthin und nähere mich mit jedem Schritt diesem anderen Ende der Welt.

Vor lauter Sorge, krank zu werden, bin ich vor der Reise ins Krankenhaus gerannt und dort krank geworden. Das ist doch absurd. Aber jetzt bin ich wieder da. Ich habe immer noch Bock! Und zwar so richtig!

Es wird Zeit, die Koffer zu packen. Mein Flug geht in drei Stunden.

### DAS LAS-VEGAS-VIDEO

# #TAG5

# VON LAS VEGAS NACH AUCKLAND

## Der Tag, der nie stattfand

Ein altes peruanisches Sprichwort sagt:
Lieber zwei Hähne im Korb als ein Meerschweinchen auf dem Grill.
(Vielleicht kann ich aber auch gar kein Spanisch.)

#TAG2
LIMA

Nach der Attacke von Alpaka Arí starte ich mit diesem weißen Exemplar noch einen zweiten Selfie-Versuch. Geht deutlich friedlicher vonstatten.

Canon

#TAG4
LAS VEGAS

Diesen Abstand zwischen dem versteckten Messer und mir halte ich für angemessen. Kurz danach wendet sich das Blatt.

Ein Spitzentipp, falls ihr mal vorhaben solltet, in Las Vegas krank zu werden: Heißes Wasser mit Zitrone gibt es in fast allen Restaurants kostenlos.

#TAG4
LAS VEGAS

**#TAG6**
**AUCKLAND**

Heiratsantrag im Hobbitland: Trotz viel zu großer Ohren (übereifriger Kauf im Internet) fand ich in Hobbingen meine Traumfrau.

#TAG6
AUCKLAND

Ich kann mich gar nicht entscheiden, welchen dieser Gesichtsausdrücke im Moment des »Skyjump« ich am schönsten finde.

Johannas Aufgabe lautete: Besteige in Nepal wenigstens einen Berg. Hab ich dann auch gemacht!

#TAG8
KATHMANDU

Fun Fact: Mr. President telefoniert gar nicht wirklich. Aber er findet es ziemlich gut, wenn es auf Fotos so aussieht.

Die Treppe zum Affentempel hat angeblich 365 Stufen. Weil ich mit Keksessen beschäftigt war, konnte ich aber leider nicht nachzählen.

#TAG8
KATHMANDU

#TAG8
KATHMANDU

Das Beweisfoto: Ein Himalayan Ice Tea in der Rum Doodle Bar. (Hab ihn allerdings nicht ausgetrunken, Bergsteiger stehen auf harten Alkohol.)

Ich gebe zu, dass diese Pose etwas übertrieben ist, aber wann steht man schon mal auf dem Tafelberg?

#TAG10
KAPSTADT

EOS 6D

Mit so viel Ernsthaftigkeit habe ich kurz vor dem Ende gar nicht mehr gerechnet: Im Gespräch mit Isaac auf unserem Spaziergang durchs verrammelte Township.

Einen Monat nach meiner Rückkehr wird die Krankenhausrechnung in meinen Briefkasten flattern. Darauf wird ein Betrag stehen, der mich für einen Moment sprachlos machen wird. Wenn ich einmal zusammenfasse, was Doktor Stephen – außer ihrer hochwertvollen Ansprache bei unserer Verabschiedung – und ihre Kolleginnen geleistet haben, komme ich zu einem recht überschaubaren Ergebnis: ein paar Fragen stellen, Blutdruck messen, vorsichtshalber noch mal nach Westafrika fragen, die Ohrenleuchte auf Mund und Ohr richten, mich zu drei bis fünf Unterschriften auffordern. So etwas kostet in Deutschland als Privatversicherter, der seine Rechnungen vor dem Einreichen bei der Krankenkasse selbst bezahlt, etwa 50 Euro. Meine Rechnung hingegen wird keine Fragen offenlassen, warum das amerikanische Gesundheitssystem trotz jüngster Reformen das mit Abstand teuerste der Welt ist. Auf ihr wird der Betrag von 691,04 Dollar stehen. Dass ich eine solche Stange Geld in Las Vegas lassen würde, hätte ich nicht gedacht. Ich habe ja nicht mal gespielt!

Ich habe das Gefühl, Las Vegas komplett verpasst zu haben, als ich meinen Koffer packe und mich auf den Weg zum Flughafen mache. Ich war in den letzten 24 Stunden nur ein dunkles Flackern am hell erleuchteten Strip, ein leises Stimmchen zwischen den lauten Automaten, ich war krank in einer kranken Stadt. Wieder fährt der Shuttlebus an den großen Themenhotels vorbei, noch ein letzter Blick auf die Kopie des Eiffelturms, noch einmal die Rialtobrücke des *Venetian*. Vom Fassadenplakat des *Riviera* blickt Jan Rouven auf mich herab, auf der Leinwand des *MGM Grand* brüllt der berühmte MGM-Löwe, daneben zieht David Copperfield die Augenbraue hoch. Rund um das *Bellagio* flanieren unauffällig ein paar Sicherheitskräfte. Was wohl passiert wäre, wenn ich in dem Wasserbecken davor das geforderte Erfrischungsbad genommen hätte? Und wie ich wohl im Elvis-Kostüm in einer der kleinen Hochzeitskapellen ausgesehen hätte? Las Vegas entlässt mich mit mehr Fragen als Antworten – und ich habe das Gefühl, dass wir zwei noch nicht miteinander fertig sind.

Die Reise nach Neuseeland führt über Los Angeles, eine gute Flugstunde von Las Vegas entfernt. Ich hatte mir bei der Buchung für diese Etappe eine ganz besondere Raffinesse überlegt, auf die ich mich schon die ganze Zeit gefreut habe: sieben Stunden Aufenthalt in L.A. Meine Idee war, zum ersten und einzigen Mal auf dieser Reise eine Auszeit am Meer zu nehmen. Mit dem Bus nach Venice Beach oder Santa Monica fahren, ein paar Stunden am Strand liegen und einfach mal an nichts denken.

Das Wetter ist perfekt, als wir landen: blauer Himmel, Sonne, 26 Grad. Doch mit Grippe würde mir so ein Ausflug vermutlich doch eher Stress als Erholung bescheren, weshalb ich mich schweren Herzens dagegen entscheide.

Da wir diese Etappe mit zwei verschiedenen Airlines zurücklegen, müssen wir in L.A. erneut einchecken.

»Wie viele Gepäckstücke wollen Sie aufgeben?«, fragt die Frau hinterm Schalter.

»Gar keins«, antworte ich. »Wir reisen nur mit Handgepäck.«

»Darf ich das Handgepäck dann bitte einmal wiegen?« Die Waage zeigt zwölf Kilo an. Ich weiß schon, was jetzt passiert. Wir werden das erste Mal umpacken müssen. Nach meiner Magazinrecherche zum Thema Fluggepäck war mir klar, dass es ein Glücksspiel sein wird, nur mit Handgepäck unterwegs zu sein. Jede Fluggesellschaft legt ihre eigenen Handgepäckregeln fest. Einige erlauben bis zu zwölf Kilo, andere nur sechs oder sieben. Ich hatte gehofft, mehr als das erlaubte Handgepäck mitnehmen zu dürfen, weil ich ja kein zusätzliches Gepäckstück aufgebe. Das wird aber wohl nichts.

»Es sind nur sieben Kilo als Handgepäck erlaubt. Ich muss Sie bitten, das Gepäck aufzugeben.«

Zum Glück sind wir die einzigen Fluggäste weit und breit und können direkt am Schalter umpacken. Ich hole meinen eingerollten Tagesrucksack aus dem Trolley und stopfe die Sachen hinein, die ich an Bord brauche: Schlafutensilien, Hygienebeutel, ein frisches T-Shirt, Laptop, Kamera, Kopfhörer, Ausweis, Portemonnaie. Beim zweiten Versuch ist die Frau zufrieden.

Dann beginnt der anstrengende Teil des Tages. Unser Gate befindet sich in einem Abflugbereich, in dem gerade die gesamte Shopping- und Restaurantmeile wegen Renovierung geschlossen ist. Bis auf einen Automaten mit Gummibären und Getränken haben wir keinerlei Freizeitgestaltungsmöglichkeiten. Einen der größten Flughäfen der Welt habe ich mir irgendwie ein wenig spektakulärer vorgestellt.

Ich vertreibe mir die Stunden damit, das Video von meinem Kampf mit dem Messer zu schneiden, hochzuladen und den Leuten in Deutschland zu erzählen, dass die Reise weitergeht: »Ihr lieben #10Tage-Verfolger, wegen eines dicken Grippevirus musste ich seit gestern in Las Vegas mal zwei, drei Gänge zurückschalten. Heute Morgen beim Aufwachen stand für mich sogar fest, dass die Reise vorbei ist. Nun war ich gerade im Krankenhaus: Der Virus ist fast durch, und es wird mir bald bessergehen, wenn ich mich auf dem heutigen Flug nach Auckland ausruhe. (Nun, ich hatte eh nicht vor, durch den Gang zu joggen.) Vielen Dank für eure ganzen Wünsche! Das ist hier gerade wirklich ein unglaublich blödes Timing, meine Güte …«

Drei Tüten Gummibärchen später stelle ich auch die nächste Abstimmung zur Hauptaufgabe für Auckland ins Netz:

**A: Aotearoa ist das Land der Maori. Lass dich in die Kultur der indigenen Bewohner Neuseelands einführen: Schnitze Maori-Skulpturen und lerne den traditionellen Haka-Tanz!**

**B: Ein bisschen Adrenalin gefällig, damit dich der Jetlag nicht zu sehr übermannt? Steige auf den Sky Tower in Auckland und spring runter!**

Der erste Vorschlag stammt von Stephan und Eumel, der zweite von Matze. Ich hatte meine Höhenangst in der Vergangenheit schon ein paar Mal in meinen Videoreportagen zur Schau gestellt, zum Beispiel, als ich den »Edgewalk« in Toronto absolviert habe – ein furchtbares Erlebnis. In 350 Metern Höhe umrundet man dabei die Außenplattform des CN Tower. Kein Geländer, keine Griffe. Nur ein dünnes Seil, ein paar Karabinerhaken und jede Menge Luft unterm Popo. Daran hatte sich Matze offenbar erinnert und während der Aufgabenfindung kommentiert: »In Gedenken an Toronto machst du in Auckland bitte den ›Skyjump‹ aus 200 Metern Höhe.« Na, schönen Dank! Ich mache mir keine Illusionen: Selbstverständlich werden meine Follower B wählen. Es macht schließlich immer am meisten Spaß, wenn sich der Protagonist vor Angst ein ganz klein wenig nass macht.

Drei Stunden vor Abflug gehen Thomas und ich noch einmal nach draußen, die Gummibärchen können unseren Hunger nicht länger bekämpfen. Wir laufen aus der klimatisierten Flughafenluft hinein in einen warmen Abendwind, der um die Terminals weht, finden eine Salatbar und kehren nach erneuter Sicherheitskontrolle gut gestärkt ans Gate zurück. Dann bin ich neugierig und werfe einen ersten Blick auf den Zwischenstand beim Voting. Wie bitte? Unter den ersten zehn Kommentaren ist nicht ein einziger dabei, der sich für den Sprung in die Tiefe ausspricht. Bisher wollen alle den Haka sehen. Schon klar, der rituelle Tanz der Maori sieht bestimmt lustig aus, wenn sich ein blasser Deutscher im Baströckchen daran versucht. Aber gerechnet habe ich mit etwas anderem. Vielleicht ein Krankheitsbonus? Mal sehen, das letzte Wort ist in dieser Angelegenheit sicherlich noch nicht gesprochen.

Wie schon so oft beim Warten am Gate überkommt mich auch diesmal wieder diese schwere Müdigkeit. Ich hatte zwar im Flieger nach Los Angeles für ein paar Minuten die Augen geschlossen, aber das konnte das Defizit meiner schlaflosen Nacht natürlich nicht ausgleichen. Die Uhr auf dem Laptop steht nach wie vor auf deutscher Zeit und zeigt fünf Uhr morgens an. Mein Körper lebt also noch immer nach seinem Heimatrhythmus, er scheint sich noch keine einzige Minute umgestellt zu haben. Mit inzwischen einstudierten Handlungen (Reisepass rausholen, Flugticket scannen, im Gatefinger Schlange stehen, »Guten Abend« sagen) lande ich erschöpft an meinem heutigen Endziel, Gangplatz 54H.

Gang oder Fenster – das ist immer eine Glaubensfrage. Ich beantworte sie mit Gang. Klar, am Fenster kann man rausgucken, sich zum Schlafen anlehnen und muss niemanden durchlassen. Am Gang aber sitzt man nicht so eingepfercht, man hat mehr Beinfreiheit und kann immer aufstehen, wenn man möchte. Ich schaffe es zum Beispiel fast nie, alles, was ich für den Flug brauche, vorher aus meinem Rucksack im Gepäckfach über den Sitzen zu holen. Kopfhörer, Schlafbrille ... Irgendwas fehlt immer. Und wenn ich dann endlich alles habe, fällt mir plötzlich auf, dass ich aufs Klo muss. Wäre ich Fenstersitzer, wären die Passagiere neben mir schon kurz nach dem Start reichlich bedient.

Ich nicke kurz nach dem Start ein, wache aber bald wieder auf. Schlafe erneut ein und werde wieder wach, weil die Flugbegleiterin meine Rückenlehne nach vorne stellt, damit die Frau hinter mir besser essen kann. Ich esse auch, Hühnchen mit Kartoffelgratin und Zucchini. Es schmeckt nicht. Ich lasse den größten Teil unangetastet und schlafe wieder ein.

Während ich bewusstlos dasitze, geschieht etwas, was ich schon immer mal erleben wollte. Als wir die Datumsgrenze überfliegen, verliere ich nämlich plötzlich einen ganzen Tag. Ich bin am 15. Oktober ins Flugzeug gestiegen und werde es am 17. Oktober wieder verlassen, obwohl der Flug dazwischen nur zwölf Stunden dauert. Die Erklärung dafür ist recht simpel: Da ich nach Westen und somit der Zeit entgegenfliege, sind alle Tage, die ich auf dieser Weltreise erlebe, länger als 24 Stunden. Sowohl die, die ich schon vor der Datumsgrenze hinter mich gebracht habe, als auch die, die danach noch kommen werden. Und weil sich meine Zeitreise um die Welt ja irgendwie wieder regulieren muss, verliere ich all die vermeintlich gewonnenen Stunden auf einen Schlag beim Flug über diese imaginäre Linie mitten im Pazifik. Auf der einen Seite ist das einfachste Mathematik, auf der anderen Seite aber werde ich noch lange davon fasziniert sein, dass auf dem Papier der 16. Oktober 2014 in meinem Leben nie stattgefunden hat.

Ich wache auf und bemerke, dass mein Tablett inzwischen weggeräumt wurde. Ich klappe den Tisch hoch und schlafe erneut ein, werde wieder wach und stelle fest, dass alles dunkel ist. Wie lange noch? Acht Stunden. Alle anderen schlafen auch, also schlafe ich wieder ein. Ich träume wirr von einem Roadtrip durch Neuseeland, den ich komplett verschlafe, und wache wieder auf. Das muss ein ganz schön langer Roadtrip gewesen sein, denn das Licht in der

Kabine ist inzwischen wieder an. Gute sechs Stunden dürften das gewesen sein. Gar nicht so übel. Die Flugbegleiterinnen servieren Frühstück, und bald darauf verlässt das Flugzeug spürbar seine Flughöhe.

Dann kann ich es zum ersten Mal zwischen den Wolken sehen, das Ende der Welt. Dieses grüne Stück Land, das beinahe Deutschlands Antipode ist, weil es auf der Erdkugel fast genau gegenüber von uns liegt. Weiter weg geht es nicht, hiernach werde ich mich wieder mit jedem Schritt meinem Zuhause nähern. Neuseeland wird die Halbzeit von #10Tage sein.

# #TAG6

## IN AUCKLAND

An der Halsschlagader

Zwei Tage?« Der Einreisebeamte stutzt. Er ist das Murmeltier, das täglich grüßt. Nichts, was ich zum ersten Mal erleben würde. Aber diesmal klingt die Frage des Mannes hinter der Scheibe besonders ungläubig – was ich verstehen kann. Aus Sicht eines Neuseeländers, der genau weiß, wie weit abgelegen sein Land ist, muss das wirklich lächerlich wirken, schließlich stehe ich nicht an dem Schalter, der Einheimische und Australier empfängt, sondern an dem für »All other countries«. Das heißt, egal, woher ich komme, ich habe bei meiner Anreise mindestens ein Weltmeer überquert. Warum sollte man sich diesen Stress für zwei Tage Aufenthalt antun? Ich hingegen sehe das ganz anders: Neuseeland wird mit 42 Stunden Aufenthalt mein längster Stopp sein. Zwei Tage auf ein und demselben Kontinent? Wie wunderbar entschleunigend!

Vorrangig besteht Neuseeland aus zwei Hauptinseln (die rund 700 kleineren drum herum klammere ich mal aus) und ist um ein Viertel kleiner als Deutschland. Viele schwärmen von der Südinsel, die mit den Neuseeländischen Alpen im Westen und den Fjorden im Süden traumhaft sein muss. Am Fuße der Alpen liegt die Abenteurerstadt Queenstown, in der man unzählige adrenalinreiche Dinge erleben kann:

Jetbootfahren, Wildwasserrafting, Bungee- oder Fallschirmspringen und sogar Schaukeln in der angeblich weltgrößten Schaukel in 300 Metern Höhe. Und an der Ostküste befindet sich Christchurch, die größte Stadt der Südinsel, deren Zentrum im Februar 2011 bei einem schweren Erdbeben stark beschädigt wurde. Doch all dies wird mir auf diesem Trip verborgen bleiben, denn meine Follower haben mich auf die Nordinsel geschickt – die Insel, auf der drei Viertel der 4,5 Millionen Einwohner Neuseelands leben, weil sie nicht nur die Hauptstadt Wellington, sondern mit Auckland auch die größte Stadt des Landes beherbergt.

Hinter der automatischen Schiebetür des Zolls wartet eine junge Frau auf Thomas und mich. Das muss Amy sein. Sie begrüßt uns mit einer herzlichen Umarmung.

»Das macht man hier so«, sagt sie grinsend und spielt auf das Klischee der immer freundlichen Neuseeländer an. Man muss nur mal die Rankings der freundlichsten Menschen der Welt durchklicken – da haben die Kiwis einen festen Platz in den Top fünf.

Amy ist Tourguide und wird mir in den nächsten 42 Stunden bei der Erfüllung meiner Aufgaben unter die Arme greifen.

»Kennst du schon das Ergebnis deiner Hauptaufgabe?«, erkundigt sie sich, als wir das Terminal verlassen.

»Ja, ich habe eben schnell nachgeguckt«, sage ich und lese einige der Kommentare vor:

»Ich will dich tanzen sehen!«

»Der ›Skyjump‹ ist doch schon aus gesundheitlichen Gründen schwierig, also Haka!«

»Also bitte … wenn schon, denn schon: ›Skyjump‹ natürlich!«

»Den ›Skyjump‹ kann man in so vielen Städten machen. Dann doch lieber Neuseelands tolle Kultur kennenlernen.«

»Tanz dich gesund!«

Einige vereinzelte Adrenalinjunkies kann ich unter den Wählern ausmachen – aber mit saftigen 90 Prozent aller Stimmen ist es tatsächlich der Haka-Tanz geworden. Sogar Matze, der sich die ›Skyjump‹-Aufgabe ausgedacht hatte, hat »aus Mitleid« wegen meiner Krankheit gegen seinen eigenen Vorschlag gestimmt. Kaum jemand will den Sprung aus 200 Metern sehen – und ich kann das nur begrüßen!

Auf dem Parkplatz steht der organisierte Mietwagen. Mit ihm werden wir eine kleine Reise über die Nordinsel machen, denn es hat sich bei den Aufträgen, die ich bekommen habe, schon früh herausgestellt, dass ich über die Stadtgrenzen Aucklands hinausschauen muss. Neben der Maori-Kultur drehen sich die Aufgaben nämlich unter anderem um jene kleinen Wesen mit riesigen haarigen Füßen, die vermutlich noch nie eine Millionenstadt wie Auckland zu Gesicht bekommen haben. Sie leben draußen im weiten saftigen Grün, das Neuseeland berühmt gemacht hat und das ich zum ersten Mal hautnah erlebe, als die Landstraße hinter Auckland immer einsamer wird und wir schließlich von unzähligen weich geschwungenen immergrünen Hügeln umgeben sind. Irgendwo da haben sie ihre Höhlen – auf ihrem Heimatkontinent, den sie Mittelerde nennen.

Die Hobbits, J. R. R. Tolkien, »Herr der Ringe«, Sir Peter Jackson – all dies ist seit über einem Jahrzehnt untrennbar mit Neuseeland verbunden. Filmregisseur Jackson ist selbst Kiwi und offenbar der Meinung, Tolkien habe in seinen Büchern stets sein Heimatland gemeint, wenn er über das Auenland und Hobbingen, Mordor und Bruchtal geschrieben hat. Also begab er sich Ende der Neunziger auf eine Reise durch Neuseeland, um die Orte zu finden, die sich für seine geplante Film-Trilogie eignen würden. Dabei stieß Jackson unter anderem zwei Stunden südlich von Auckland auf eine Farm in der Nähe von Matamata.

»Eines Tages müssen seine Scouts die Buckland Road hochgefahren sein, über die ihr auch gerade gekommen seid«, erzählt der Mittelerde-Experte Ethan, ein junger Mann mit kariertem Hemd, Vollbart und einem Baseballcap aus dem offiziellen Hobbit-Fanartikelsortiment. »Sie fanden diese sanften Hügel der Alexander-Farm, wo kein Asphalt und keine Strommasten das Bild stören – und klopften bei Russell Alexander an die Tür.« Das muss eine seltsame Situation gewesen sein: Guten Tag, wir kommen aus Hollywood und wollen auf Ihrer Farm gern »Der Herr der Ringe« verfilmen. Wir würden hier neun Monate lang alles umbauen, dann drei Monate drehen und danach wieder alles abreißen. Geht das vielleicht?

Zu dem Zeitpunkt war das Stück Land eine ganz normale Farm mit knapp 18.000 Schafen und Rindern, und Mr Alexander hatte keine Ahnung, dass sein kleines Zuhause wenige Jahre später unter dem Namen Hobbiton zu einem der meistbesuchten Filmsets der Welt zählen wird.

Björn hatte mir aufgetragen, mich dort einmal umzuschauen. Er sei ein großer »Herr-der-Ringe«-Fan und würde so einiges dafür geben, selbst einmal hierhin zu reisen, schrieb er mir. Ich hingegen trage ein dunkles Geheimnis in mir, was den Kult um dieses Fantasy-Epos angeht.

Glücklicherweise kann man sich das auenländische Hobbiton, das in der deutschen Übersetzung Hobbingen genannt wird, inzwischen originalgetreu angucken. Für die Dreharbeiten der »Herr-der-Ringe«-Trilogie wurden 1999 lediglich provisorische Hobbitlöcher (die mit den kreisrunden kunterbunten Türen) sowie viele künstliche Bäume und Pflanzen errichtet, die nach getaner Arbeit wieder entfernt wurden. Zwar gab es damals nach dem Start der Filmreihe 2001 auch schon Führungen für Fans. Doch die guckten nur in leere verlassene Löcher und mussten ihrer Phantasie einen ordentlichen Tritt geben, um die berühmten Orte aus ihren Lieblingsfilmen wiederzuerkennen. Das ist heute anders: Als das Set 2011 für die Dreharbeiten zu »Der Hobbit« wieder hergerichtet wurde, entschieden sich die Alexanders und die Produktionsfirma dafür, dieses Mal etwas Dauerhaftes zu erschaffen. Die Hobbitlöcher und das ganze Drumherum bekamen ein stabiles, haltbares Dasein, von dem Russell Alexander inzwischen ziemlich gut leben kann.

»In den letzten zwölf Jahren waren fast eine Million Besucher hier«, erzählt Ethan, als wir auf den engen Pfaden durch das Hobbitdorf laufen. Eine zweistündige Tour kostet pro Person 75 Dollar. Ich überschlage die Zahlen im Kopf und stelle fest, dass man für das Geld wirklich so einige Schafe scheren muss.

»Erkennst du, wo wir gerade stehen?«, fragt Ethan.

»Hmmmm, nein«, antworte ich zögerlich und ziehe das »Hm« dabei etwas zu sehr in die Länge. Ich habe das Gefühl, mein Geheimnis nicht mehr lange für mich behalten zu können.

»Das hier ist Gandalfs Schneise. Hier sind Gandalf und Frodo am Anfang des ersten Films mit Pferd und Wagen durchgeritten.«

Ich könnte an dieser Stelle jetzt »Ach ja!« rufen, mich noch einmal ganz genau umschauen, so tun, als würde ich den Weg tatsächlich erkennen, und schließlich ein aufgeregtes »Wow!« von mir geben. Aber ich entscheide mich doch lieber für die Wahrheit.

»Es tut mir leid, Ethan. Ich werde leider nicht einen einzigen Ort erkennen. Ich habe die Filme nämlich nie gesehen.«

Stille. Auch Amy und Thomas, die die ganze Zeit unauffällig hinter uns herlaufen, halten inne und schauen mich verständnislos an.

»Oh«, entfährt es Ethan. Er überlegt kurz. »No worries«, fällt ihm schließlich ein. »Dafür bin ich ja da.« Dann fängt er an zu lachen und klopft mir auf die Schulter.

Um uns herum pilgern Reisegruppen, die in großen Busladungen angereist sind, um sich ihren großen Traum zu erfüllen: einmal Hobbiton sehen! Ich laufe an einem großen grünen Baum vorbei, der für mich nicht mehr ist als ein großer grüner Baum. Für die anderen hingegen ist er der berühmte Festbaum, unter dem Bilbo Beutlin nach der Rede auf seiner Geburtstagsfeier verschwindet, um das Auenland für immer Richtung Bruchtal zu verlassen. Sie erkennen genau das Hobbitloch, vor dem Sam in der allerletzten Szene der Trilogie seiner Tochter entgegenläuft und Rosie mit ihrem Baby aus der gelben Tür kommt. Ich hingegen entnehme diese Infos lediglich dem deutschsprachigen Tourprospekt, den Ethan mir gegeben hat. Denn für mich könnte das hier auch genauso gut das Dorf der Schlümpfe oder der Gummibärenbande sein.

Einen besonderen Grund, warum ich die Filme nicht gesehen habe, gibt es nicht. Es hat sich einfach nie ergeben, worüber ich mich jetzt ein bisschen ärgere. Vermutlich kennt jeder das Gefühl, zum ersten Mal an einem Ort zu stehen, den man aus dem Fernsehen kennt – oder zumindest die Vorstellung, wie es wäre, einmal dort zu sein. Das Empire State Building aus »Schlaflos in Seattle«, der Beatles-Zebrastreifen in der Londoner Abbey Road, die Bars in Havanna, durch die sich Ernest Hemingway einst gesoffen hat. Ich ärgere mich, weil ich dieses Gefühl hier haben könnte, wenn ich mir irgendwann in den letzten zehn Jahren nur mal neun Stunden Zeit genommen hätte, um den mächtigen Dreiteiler zu sehen. Von den weiteren neun Stunden der Hobbit-Trilogie mal abgesehen.

Aber so erlebe ich Hobbingen fernab des Kults und stelle fest, dass es ein wirklich zauberhafter verträumter Ort ist. Die Vorgärten der Häuschen werden gepflegt, überall blühen Blumen, im lauen Wind flattert Wäsche auf der Leine, ein paar Bienchen summen, Arbeitsgeräte liegen herum – so als ob die Hobbits nur mal kurz in den Urlaub gefahren wären. Die einzige Frage, die sich dabei stellt: Warum sollten sie das jemals tun? Wie viel schöner kann man leben? Aus dem Vorgarten von Beutelsend, in dem Bilbo zusammen mit seinem Neffen Frodo lebt, ist die Aussicht auf die umliegenden Hügel und Felder traumhaft.

Entlang der alten Wassermühle laufen wir über die Brücke am Wasserauer See auf die Wirtschaft *Zum grünen Dra-*

*chen* zu. Auch diese Kulisse stammt aus den Filmen, hier trafen sich die Hobbits, um sich über Klatsch und Tratsch aus dem Auenland auszutauschen. Die Innenaufnahmen wurden allerdings in einem Studio in Wellington gedreht und erst danach dem Original entsprechend nachgebaut. Nach einem erfrischenden Ingwerbier an der Hobbitbar entscheiden wir uns vor der Weiterfahrt für ein kleines Mittagessen. Auf meinem Teller landet etwas, das aussieht wie Schinkenbrot mit überbackenem Käse. Aber ich frage lieber vorsichtig nach: »Ist das auch eine berühmte Hobbitspeise?« Ethan legt seine Stirn erneut in Falten und zieht die Augenbraue hoch. »Come on, nicht mal das Essen kennst du?« Dann aber erlöst er mich: »Keine Sorge, ich wollte nur noch mal dein verstörtes Gesicht sehen. Das hier ist einfach nur Schinkenbrot mit Käse.« Wir lachen uns kaputt.

»Du hättest mir heute alles geglaubt, oder?«

Ja, vermutlich hätte ich das.

Es fühlt sich wieder richtig gut an, unterwegs zu sein. Meine Stimme ist noch ein bisschen brüchig, aber ansonsten ist alles so gekommen, wie Doktor Stephen gesagt hat: Sobald der Virus aus dem Körper verschwunden ist, fühlt es sich an, als wäre nie etwas gewesen. Das ist ein wunderbares, befreiendes Gefühl!

Unser Roadtrip über die Nordinsel führt uns weiter nach Süden. Im Radio läuft »How Bizarre« von OMC, der wahrscheinlich erfolgreichste Song, den Neuseeland je hervorgebracht hat. Mitte der 90er, Nummer eins in Amerika, Australien und Europa.

»Ooh, baby«, singt Amy laut mit.

»Ooh, baby«, stimme ich mit ein. Dann singen wir alle zusammen: »It's making me crazy. Everytime I look around ...«

Amy ist ein fröhliches Mädel. Mitte 20, dunkle, kurze Haare. In ihrer Gesellschaft fühlt man sich unglaublich witzig, weil sie gern und viel lacht. Nur einmal wird sie wirklich ernst, als sie von ihrer Herkunft erzählt.

»Ich komme von der Südinsel, aus Christchurch. Mein Elternhaus stand dort, wo das schlimme Erdbeben stattfand.«

»Was heißt stand?«

»Es ist nichts mehr davon übrig. In unserer Straße mussten fast alle Häuser abgerissen werden.« Viele ihrer Sandkastenfreunde waren – wie sie selbst auch – zu dem Zeitpunkt schon aus Christchurch weggezogen.

»Kurz nach dem Beben sind wir alle nach Hause gekommen und saßen abends bei einem Bier zusammen, acht Schulfreunde und ich. Unseren Eltern ging es glücklicherweise gut. Aber wir alle hatten von jetzt auf gleich kein Elternhaus mehr. Einfach ausgelöscht. Bei einigen hat es sehr lange gedauert, bis sie das verkraftet haben. Für mich ist aber das Allerwichtigste gewesen, dass ich meine Whanau noch habe.«

»Deine was?«

»Meine Familie. Whanau ist das Maori-Wort für Familie.« Amy erklärt mir, dass viele Begriffe der indigenen Bevölkerung in den normalen Sprachgebrauch übergegangen sind. »Liebe heißt zum Beispiel Aroha. Das ist für uns ein ganz normales Wort wie für euch Computer. Es heißt halt einfach so.«

An den Straßenschildern und Ortsnamen erkenne ich, dass hier fast alles in der Sprache der Maori benannt ist:

Rangitanuku Road, Kuranui Park, Waikato. Ich muss an die australischen Aborigines denken und daran, dass die europäischen Siedler über Jahrhunderte versucht haben, die Kultur und Sprache des indigenen Volkes auszulöschen. Heute ist man bemüht, diese Kultur wiederherzustellen. Der berühmte rote Monolith in Australiens Outback zum Beispiel heißt offiziell inzwischen wieder Uluru und nicht mehr Ayers Rock.

»Wie war es denn hier bei euch zwischen den Siedlern und den Maori?«, frage ich Amy.

»Wir waren nicht ganz so schlimm.« Natürlich habe es wie bei vielen Kulturclashs auch hier Probleme zwischen Maori und Pakeha, den anderen, gegeben.

»Ich liebe meine Großeltern über alles, aber ich muss aus heutiger Sicht leider sagen, dass sie Rassisten waren.« Doch dann habe es in der Gesellschaft eine starke Entwicklung gegeben. »Bei meinen Eltern hat sich schon etwas in Gang gesetzt – und meine Generation ist unheimlich stolz auf die Multikultur unseres Landes.«

Links von uns liegt ein großer, scheinbar kreisrunder See, leuchtend blau und spiegelglatt. Lake Rotorua. In seiner Mitte durchbricht eine kleine Insel die Wasseroberfläche.

»Das ist Mokoia Island, der Ort, an dem die Maori-Version von Romeo und Julia spielt«, sagt Amy. Das macht mich neugierig. Und dann beginnt sie, mir die Geschichte von Hinemoa und Tutanekai zu erzählen, während wir durch diese unglaubliche Natur fahren.

»Hinemoa war die Tochter des Häuptlings Umukaria. Sie lebten zusammen am Ufer des Lake Rotorua. Hinemoa war sehr hübsch und von gutem Rang, weshalb sich die Männer um sie rissen. Einer von ihnen war Tutanekai, der in einem Dorf auf Mokoia Island lebte. Er sah sie regelmäßig bei Stammesfesten, versteckte aber seine Gefühle, um Hinemoa nicht zu belästigen. Doch eines Tages bemerkte er, dass auch sie ihn mit ihren Blicken suchte. Sie erkannten, dass sie sich liebten, und schmiedeten einen Plan. ›Nachts, wenn es dunkel ist‹, sagte Tutanekai zu Hinemoa, ›werde ich an meinem Inselufer Flöte spielen. Dann steigst du in dein Kanu und folgst den Klängen.‹ Hinemoa war einverstanden. Von da an saß Tutanekai jede Nacht am Ufer und spielte. Doch Hinemoa kam nicht. Die Leute ihres Vaters hatten Wind von ihrem Plan bekommen und alle Kanus vom Seeufer entfernt. Sie weinte jede Nacht, wenn sie seine Flöte auf der anderen Seite des Wassers hörte, und fragte sich, ob es ihr möglich sein würde, nach Mokoia Island zu schwimmen. Sechs ausgehöhlte Kürbisse, drei links und drei rechts, sollten sie über Wasser halten, und so machte sie sich auf den Weg. In der Dunkelheit sah sie die Insel nicht, doch die Klänge von Tutanekais Flöte kamen immer näher. Als sie schließlich auf Mokoia Island ankam, sah Tutanekai das nasseste, hübscheste Geschöpf, das er sich nur vorstellen konnte. Er legte Hinemoa seinen Umhang um, denn sie war verkühlt und erschöpft. Dann brachte er sie in sein Haus. Am nächsten Morgen, als sich bereits das ganze Dorf zum Frühstück versammelt hatte, fiel Tutanekais Vater auf, dass sein Sohn fehlte. Er befahl seinem Diener nachzusehen, ob Tutanekai krank war. Der Diener lugte in das Haus und erschrak. Unter der Bettdecke schauten nicht zwei, sondern vier Füße heraus. Dann sah er Hinemoas Gesicht und rief laut: ›Hinemoa ist hier, Hinemoa ist in Tutanekais Haus!‹ Die Dorfbewohner hörten die Rufe des Dieners und konnten es nicht fassen: ›Es kann nicht wahr sein, dass Tutanekai das Herz von der schönen Hinemoa erobert hat.‹ Doch dann kamen die beiden aus dem Haus – und alle sahen, dass sie von nun an Mann und Frau waren.«

»Das ist eine wunderschöne Geschichte«, sage ich nach einem Moment der Stille. »Aber bei Romeo und Julia gab es kein Happy End.«

»Das stimmt«, sagt Amy. »Deshalb ist unsere Geschichte auch viel besser!«

Die letzten Zeilen dieser Legende lauten: »All das geschah vor einer langen, langen Zeit. Die Nachfahren von Hinemoa und Tutanekai leben noch heute in Rotorua – und sie erzählen sich noch immer die Geschichte, wie die schöne Hinemoa über den großen See zu ihrem Geliebten schwamm.«

Rotorua ist schon immer eine der größten Maori-Communities in Neuseeland gewesen. »Der Bevölkerungsanteil ist mit über 30 Prozent mehr als doppelt so hoch wie im Landesdurchschnitt«, erzählt Amy. Die Erstbewohner Neuseelands nutzten seit jeher die natürlichen Ressourcen ihres Landes. So war es kein Zufall, dass sie sich um 1830 hier niederließen: Die Nordinsel befindet sich in aktivem Vulkangebiet, und rund um Rotorua gibt es viele natürliche heiße Quellen, die die Maori zum Kochen, Baden und Waschen nutzen konnten. In der ganzen Stadt raucht und dampft es an allen Ecken. Das ist auch aus heutiger Sicht noch äußerst praktisch, weil mit der natürlichen Erdwärme sämtliche Gebäude kostenlos beheizt werden können. Nur leider resultiert daraus auch eine eher unangenehme Tatsache, die ich bemerke, als wir parken und die Autotüren aufmachen.

»Ich war das nicht!«, ruft Amy und lacht.

»Das beruhigt mich sehr«, antworte ich. »Sonst würde ich dich auch sofort zu einem Arzt schicken.«

Ein Gestank wie von tausend verfaulten Eiern steigt mir in die Nase. Es ist der Schwefel, der aus den heißen Quellen austritt und sich als unangenehme Duftwolke über die ganze Stadt legt.

»Ich muss mich auch jedes Mal wieder dran gewöhnen«, sagt Amy. »Auf der Südinsel haben wir keine vulkanische Aktivität. Aber glaub mir, irgendwann riecht man es nicht mehr.«

Ich hoffe, dass sie recht hat! Als ich letztes Jahr mit meiner Familie nach Island gereist bin, war mir zwei Wochen lang übel, weil sich meine Nase einfach nicht an den Mief gewöhnen konnte.

Immerhin: Das Blubbern und Brodeln der Erdlöcher, die Geysire und Schlammbecken haben die Stadt zu einem Kurort gemacht. Rotorua gehört – im übertragenen und Wortsinn – zu den touristischen Hotspots der Nordinsel. Ein bisschen Wellness hat schließlich noch niemandem geschadet. Der Vulkanschlamm enthält viele Minerale, die die Poren öffnen, die Durchblutung fördern und die Haut ganz zart machen sollen. Und so lande ich wenige Minuten nach unserer Ankunft in Rotoruas größtem Geothermalpark (mit dem freundlichen Namen *Hell's Gate*) in einem 38 Grad warmen grauen Matschbad. Auf diesem temporeichen Trip muss ich zwischendurch auch mal den Fuß vom Gas nehmen. Abgesehen von den Japanern, die im Becken hinter mir lauthals kleckern und rummatschen, finde ich hier einen weiteren Ort der Ruhe und Entspannung.

Ich schaue zu Thomas, für den eigentlich dasselbe gelten sollte. Aber er schüttelt nur den Kopf und hält seine Kamera auf mich gerichtet, während ich mir meinen nackten Oberkörper mit Schlamm einreibe. Schon klar, das ist obersexy, das muss festgehalten werden!

Am selben Ort gibt es die kleine *Maori Carving School*, eine offene Hütte, in der ich die Aufgabe von Eumel in Angriff nehmen kann: die Schnitzkunst der Maori lernen.

»Früher gab es bei uns Maori keine Buchstaben und keine Schriftsprache«, erklärt Te Mataa, mein Schnitzlehrer – ein schüchtern wirkender kleiner Mann mit schwarzem Pferdeschwanz. »Also haben wir unsere Geschichten und unser Wissen so weitergegeben, wie wir uns damals ausdrücken konnten.« Ich erkundige mich nach einem äußerst detailreichen Kunstwerk mit drei Köpfen und jeder Menge Verzierungen, das auf einer Werkbank hinter Te Mataa liegt.

»Wie lange brauchst du für so etwas?«, frage ich.

»Oh, das dauert«, antwortet er. »Bestimmt ein bis zwei Wochen.«

Wir sind uns einig, dass das für mich ein wenig zu zeitintensiv (und technisch womöglich einen Tick zu anspruchsvoll) ist, und verständigen uns darauf, dass ich mir eines von den fünf einfachen Symbolen aussuche, die an der Wand neben uns aufgemalt sind. Sie bedeuten Treue, Mitgefühl, Bildung, Stärke und Bestimmung. Mir fällt direkt das Stärke-Symbol ins Auge. Es hat in etwa die Form eines Ankers, was mir als Küstenkind sehr entgegenkommt. Außerdem passen

Stärke und Durchhaltevermögen recht gut zu meiner kleinen Weltreise. Aber Te Mataa versucht mich zu überreden, doch lieber das einfachste der fünf Symbole zu wählen, das lediglich aus ein paar dünnen Strichen besteht und wie ein Tannenzweig aussieht.

»Du glaubst wohl nicht an mein Talent, was?«, scherze ich.

»Doch«, lacht er. »Aber Treue ist auch wichtig!« Er reicht mir Schnitzwerkzeug, Hammer und ein Stück Holz, auf dem das Symbol mit Bleistift vorgezeichnet ist, und gibt mir die wichtigsten Anweisungen: Der Hammer kommt in die starke Hand, das Schnitzmesser in die andere – in einem 45-Grad-Winkel zum Holz. Nicht zu steil, nicht zu flach.

»Je weiter du ans Ende der jeweiligen Linie kommst, desto flacher musst du das Messer halten und desto sanfter mit dem Hammer daraufklopfen, um einen sauberen Abschluss hinzubekommen.«

Erst klopfe ich mich durch den langen Hauptstiel meines Nadelbaums, dann schnitze ich die Tannennadeln – bis Te Mataa mich darüber aufklärt, dass es sich überhaupt nicht um einen Tannenzweig handelt.

»Das ist Ponga, ein Silberfarn«, korrigiert er mich. »Ein wichtiges Symbol für die Maori. Sie haben den Silberfarn früher zur Orientierung benutzt, wenn sie nachts von der Jagd zurückgekommen sind. Sie markierten ihren Weg mit der silbernen Unterseite, die das Mondlicht reflektiert, und konnten so wieder zurück nach Hause finden.« Deshalb sei der Farn auch das Symbol für Treue. »Dank ihm konnten die Männer ihrem Dorf treu bleiben.«

Mein Schnitzergebnis kann sich durchaus sehen lassen,

finde ich. Bis auf ein paar kleine Splitter, die aus dem Holz ragen, habe ich einen richtig schönen Tannenzweig geschnitzt, der sich mit ein bisschen Phantasie auch als Silberfarn identifizieren lässt.

Die Pflanze ist über die Jahrhunderte zum Nationalsymbol Neuseelands geworden – und entsprechend verwundert es nicht, dass sämtliche Sportler, die bei internationalen Wettkämpfen für Neuseeland antreten, Ponga auf ihren Trikots tragen. Angefangen hatte damit die neuseeländische Rugby-Nationalmannschaft, die berühmten All Blacks. 1884 trugen sie bei ihrem ersten internationalen Spiel auf australischem Boden ein Farnsymbol auf ihren Shirts. Das ist vor allem deshalb interessant, weil die All Blacks nicht erst einmal als Trendsetter in Erscheinung getreten sind. Sie waren es auch, die den Haka weltweit bekannt gemacht haben. Vor jedem Länderspiel treten die Spieler als geschlossenes Rudel an die Mittellinie und führen ihren Angst einflößenden Maori-Tanz auf, um den Gegner einzuschüchtern. Viel lautes Geschrei, viele böse Posen und viel Zunge rausstrecken – das werde ich nun auch lernen.

Die erste Begegnung mit meinen Lehrmeistern ist allerdings überraschend friedlich, ja fast romantisch. Auf der Bühne des 100-jährigen reichverzierten Zeremonienhauses von *Te Puia*, einem Kulturzentrum für die Kunst und das Handwerk der Maori in Rotorua, treffe ich Laurence, Chadwick und Te Whawhanga. Die drei halbnackten Männer sind nur mit Baströckchen und einigen Maori-Tattoos bekleidet, sie geben Interessierten Haka-Schnupperkurse. Was mir außerdem gleich auffällt: Zusammengerechnet fehlt ihnen ungefähr eine Handvoll Schneidezähne.

Die Begrüßung findet zunächst auf meine Art per Handschlag statt. Dann zieht Chad mich an sich heran und drückt seine Stirn und Nase zweimal gegen meine. Welch unerwartet enger Körperkontakt!

»Was war das?«, möchte ich wissen.

»Wir nennen unsere Begrüßung Hongi – riechen«, erklärt Chad. »Mit dieser Geste teilen wir den Atem des Lebens miteinander. Die Berührung unserer Nasen verbindet uns.« Maori scheinen also überaus höflich zueinander zu sein, bevor sie sich schließlich anschreien.

Wie ich erfahre, kommen die Männer mit der Darbietung ihrer Haka-Kunst ordentlich rum. Laurence ist Tänzer in der indigenen Musikgruppe Moana And The Tribe, mit der er weltweit auf Tour geht. Te Whawhanga war vor zwei Jahren sogar in Hamburg, als im Völkerkundemuseum ein neues Maori-Haus eingeweiht wurde. Außerdem sind die drei als Trio bei nationalen und internationalen Wettbewerben sehr erfolgreich.

Zwei Minuten später stehe auch ich in einem knielangen Rock auf der Bühne des Veranstaltungshauses.

»Das ist dein Piupiu«, erklärt Chad und zeigt auf die geflochtenen Pflanzenteile, die um meine Lenden baumeln. »Das bedeutet schwingen, weil der Rock genau das tut, wenn wir unsere Tänze aufführen.« Wichtig sei beim Tragen, dass er meinen Bauchnabel verdecke, das wertvolle und schützenswerte Symbol meiner Geburt.

Dann bekomme ich einen Taiaha, meinen Kampfstab, in die Hand gedrückt und gehe wie meine Vortänzer Chad und Laurence, die sich links und rechts von mir positioniert haben, auf die Knie. Te Whawhanga steht hinter uns. Unsere

Startformation ist hergestellt. Als Leader der Truppe ruft uns Te Whawhanga nun zu, was wir machen sollen. Zunächst sind es einfache Laute wie »Hui«, die ich ohne größere Schwierigkeiten nachraunen kann. Doch dann wird es deutlich komplexer. Weil Te Whawhanga seine Bewegungsbefehle in Te Reo Maori, der Sprache der Maori, gibt und meine Sprachkenntnisse dahingehend eher überschaubar sind, bleibt mir nichts anderes übrig, als meine Augen an die Bewegungen von Chad und Laurence zu heften, während mein Körper versucht, ähnliche Figuren zu bilden. Wir klatschen die Hände abwechselnd auf den Boden, auf unsere Oberarme, die Brust und die Oberschenkel. Wir richten uns auf und gehen erneut in die Knie.

»Jetzt gerade hat Te Whawhanga gesagt, dass der Boden zittert, die Leute zittern und Deutschland zittert. Wir machen uns warm für den Kampf.«

Eigentlich bedeutet Haka nichts anderes als Tanz, weshalb auch andere Festtänze der Maori als Haka bezeichnet werden. International bekannt geworden ist der Haka aber vorrangig als Kriegstanz, ein Aufwärmritual, um den Gegner das Fürchten zu lehren und sich mental für den Kampf aufzuputschen. Vielleicht ist er auch der Grund, dass es den Maori im Vergleich zu den australischen Aborigines immer einen Tick besser ging. Wenn die Maori bei ihrem ersten Kontakt mit Siedlern aus Übersee auch so aufgetreten sind, hätte ich mir als europäischer Kolonist wohl auch überlegt, ob man über die Besitzansprüche an diesem neuen Land nicht lieber ganz in Ruhe bei einer Tasse Tee sprechen könne.

Ich merke, wie ich bei jedem Durchgang sicherer werde. Ich stampfe und klopfe und mache »Ho« und »Ha«. Meine

Haut wird vom vielen Klatschen knallrot. Nach dem Schlammbad ist das schon die zweite überdurchschnittlich starke Durchblutung, über die sie sich an diesem Tag freuen darf.

Auch die Anweisungen werden lauter: »Brust raus!«, übersetzt Chad. »Stampfe mit dem Fuß! Reiß die Augen auf! Pukana!« Puka-was? In dem Moment stemmen alle drei ihre Hände in die Hüften und strecken mit einem lauten Fauchen ihre Zungen raus.

»Pukana ist eines der zentralen Elemente des Haka«, erklärt Chad. »Augen aufreißen und Zunge rausstrecken, eine Geste der größten Missachtung des Gegners – und eine unmissverständliche Warnung, ihn nach dem gewonnenen Kampf zu verspeisen.«

Am Ende meiner Tanzstunde habe ich das Gefühl, den Spirit des Haka zumindest ein wenig gespürt zu haben. Die Bewegungen habe ich jetzt drauf, und mein Körper hat ein gewisses Rhythmusgefühl für die Abläufe entwickelt. Allerdings sollte ich wohl noch etwas an meinem Gesichtsausdruck während des Tanzes arbeiten. Wie mir Thomas' Kameraaufnahmen später deutlich vor Augen führen, würde mein Gegner vor mir wohl eher den Campingstuhl ausklappen, sich hinsetzen und gemütlich seine geschmierten Käsestullen essen, anstatt vor Todesangst winselnd vor mir zu liegen.

Die Stadt Rotorua liegt inmitten eines Vulkankraters. Der Kraterrand zieht sich als eine Art bewachsener Hügelkamm um die Stadtgrenze. Um einen der geothermalen Knotenpunkte ist das Kulturzentrum *Te Puia* entstanden. Alle halbe

Stunde spuckt hier der Geysir Pohutu für etwa dreißig Minuten Wasser aus der Erde – bis zu dreißig Meter hoch! Die wissenschaftliche Erklärung für dieses Phänomen ist, dass das Regenwasser in einer unterirdischen Kammer durch das heiße Erdinnere zum Kochen gebracht wird und sich Dampf bildet. Dies erzeugt einen Druck, dem die Öffnung des Geysirs nur bis zu einem gewissen Punkt standhalten kann. In aller Regelmäßigkeit entlädt er sich durch das Erdloch mit einem lauten Zischen und einer riesigen Wasserfontäne. Aber natürlich ist die Maori-Erklärung für die Entstehung des Geysirs wie so oft bei indigenen Märchen eine viel schönere: Die Schwestern Te Pupu und Te Hoata waren vor langer, langer Zeit als Göttinnen des Feuers bekannt. Als ihr Bruder eines Tages verschwand, machten sie sich auf den Weg ins Erdinnere, um ihn zu suchen. Während ihrer Reise stießen sie hier und da von innen mit dem Kopf gegen die Erdoberfläche und rissen Löcher in die Decke, durch die Geysire wie Pohutu und viele weitere heiße Quellen entstanden sind.

Bis heute wird der heiße Dampf auch zum Kochen genutzt. Alles, was man dafür braucht, ist eine fauchende Erdöffnung und eine Holzbox mit Deckel, die man um die Öffnung baut, um die Hitze in Schach zu halten. An einem dieser natürlichen Dampfgarer steht der Chefkoch von *Te Puia* – mit weißer Jacke und Kochmütze. Er öffnet den Deckel und holt sechs geflochtene Bastbehälter aus dem Loch.

»Habt ihr Hunger?«, fragt er und lädt uns ein, seinen Steambox-Lunch zu probieren. Ich erwarte ein einfaches, deftiges Essen. Weichgekochte Süßkartoffeln vielleicht, dampfgegartes Fleisch, nichts Außergewöhnliches – und staune nicht schlecht, als der Chefkoch die Bastdeckel entfernt. In den Körben befindet sich rosaroter, mit Sesamkörnern bestreuter Lachs, eine zarte Lammkeule und gefüllte Teigtaschen. Feinste Fusion-Küche: kulinarische Raffinesse wie im Sternerestaurant – traditionell zubereitet.

»Wann war eigentlich der letzte Ausbruch des Vulkans, in dessen Schlund wir uns gerade befinden?«, erkundige ich mich schmatzend bei Amy.

»Oh, das ist schon über 100.000 Jahre her«, antwortet sie.

»Und wie man an den Rauchwolken sieht, ist er noch immer nicht erkaltet, richtig?«

»Richtig.« Ich bin unsicher, ob mir diese Information gefällt. »Mach dir keine Sorgen. Der nächste Ausbruch wird erst in etwa 50.000 Jahren stattfinden.«

»Also sind wir einigermaßen safe?«, hake ich noch mal nach.

»Einigermaßen, ja«, sagt Amy lachend.

Der Schwefelgeruch ist hier längst nicht so stark, wie ich ihn auf Island empfunden hatte. Ich habe ihn schon wieder vergessen, als ich in meinem Hotelzimmer die Vorhänge aufziehe, durchs Fenster auf ein weiteres brodelndes Erdfeld mit dampfenden und zischenden Löchern blicke und mich frage, ob es überhaupt möglich ist, der Halsschlagader unseres Planeten noch näher zu kommen, die Kraft und die Hitze seines Inneren noch intensiver zu spüren. Ich kann es mir kaum vorstellen – zumindest nicht, ohne körperliche Schäden davonzutragen.

Ich lasse mich auf mein Bett fallen und stelle fest, dass das ein ganz wunderbarer Tag war – der bisher schönste auf dieser Reise. Ich komme aus dem Staunen nicht heraus, was man alles an einem Tag schaffen kann, wenn man ihn richtig anpackt. Es kann doch nicht möglich sein, dass wir Amy erst heute Morgen am Flughafen kennengelernt haben. Wir bei den Hobbits waren? Ein Schlammbad genommen haben? Holz geschnitzt und Haka getanzt? Hinemoa und Tutanekai kennengelernt? Das grünste Grün bestaunt, das ich je gesehen habe? Einen echten Roadtrip unternommen? Auf brodelnder Erde gestanden? Alles an einem Tag? Und dabei sind wir nicht einmal durch die Gegend gehetzt. Es war alles entspannt und lief wie am Schnürchen. Neuseeland kann was!

Zum ersten Mal habe ich das Gefühl, die Reise so richtig genießen zu können. In Lima war alles noch zu frisch. Gerade erst angekommen, war der Kopf voll mit Gedanken. Ich hatte ja keine Ahnung, in welche Richtung alles gehen wird und ob das, was ich mir vorgenommen hatte, überhaupt machbar sein würde. Und über Las Vegas brauchen wir gar nicht zu sprechen. Aber Neuseeland sorgt gerade dafür, dass ich mich endlich so richtig auf der Welt angekommen fühle – auf dieser einen, die wir haben. Es war von Anfang an mein Wunsch, #10Tage als eine Reise zu einem einzigen Ort zu begreifen: der Welt. Es gab vorher einige Bemerkungen, dass ich ja keinen der fünf Orte vollständig kennenlernen würde, wenn ich nur für einen Tag vorbeigucke. Richtig, vollständig wird das Bild dadurch nicht. Aber das brauche ich auch nicht. Was ich in den letzten vier Tagen erlebt habe, sind unzählige und unbezahlbare Momentaufnahmen. Augenblicke, die sich zu Sekunden und Minuten zusammenfügen. Minuten werden zu Stunden und Stunden zu Tagen. Der

Strom an Erlebnissen, die sich intensiver anfühlen als alles andere zuvor, weil sie kürzer und kraftvoller gelebt werden, scheint überhaupt nicht abzureißen. Ich befinde mich auf einem Zeitstrahl mit zehn Einheiten. Und die ersten vier Einheiten stehen für die vier hinter mir liegenden Tage voller körperlicher und emotionaler Highlights. Aus dem Staunen nicht mehr rauszukommen, das ist längst zum roten Faden dieser Weltreise geworden. All diese Momente und Erlebnisse verschaffen mir kein vollständiges Bild, nein. Aber doch ein sehr echtes, lebendiges – von genau einem Ort, unserer Erde.

Es ist schon dunkel, als ich die Vorhänge für die Nacht zuziehe. Bis auf ein kurzes Abendessen im Hotelrestaurant habe ich mein Bett seit dem Betreten meines Zimmers nicht mehr verlassen. Liegen ist ohne Zweifel der größte Luxus auf dieser Reise. Die fünfte Nacht bricht an, es ist erst die zweite im Liegen.

Um halb vier werde ich wach, wanke ins Bad. Mein Körper zeigt Symptome, die ich bei ihm bisher noch nie erlebt habe. Alles kribbelt vor tiefer, tiefer Müdigkeit. Ein bisschen zittere ich, dann schlafe ich wieder ein. Um halb acht reißt mich der Wecker aus einer völlig anderen Welt, so tief habe ich schon lange nicht mehr geschlafen.

»Und?«, fragt Thomas, als wir uns unten in der Lobby treffen und vor der Rückfahrt nach Auckland auschecken. »Was haben wir heute so vor?«

»Heute Nachmittag haben wir noch ein Treffen in Auckland – aber sonst nichts weiter. Eigentlich«, lautet meine Antwort.

»Was heißt eigentlich?«, hakt er nach.

»Na ja.« Ich druckse rum. »Mir geht diese eine Sache nicht aus dem Kopf.«

»Was meinst du denn? Nun sag schon!«

Es ist immer das Gleiche mit mir: Ich weiß, dass ich es nachher furchtbar finden werde, aber es reizt mich jedes Mal wieder ungemein, herauszufinden, ob es diesmal vielleicht doch nicht so ist. Meine kleine masochistische Ader.

»Der ›Skyjump‹«, sage ich. Thomas bricht in schallendes Gelächter aus.

»Das ist nicht dein Ernst!«

»Doch. Ich glaube, ich möchte zumindest mal hochfahren und gucken, wie es ist, von der Plattform runterzuschauen.«

Drei Stunden später sind wir zurück in Auckland und spazieren über die Queen Street in Downtown. Beigefarbener Sandstein aus vergangenen Jahrhunderten vermischt sich mit moderner Spiegelfassade, Shopping meets Business – fast wirkt die Innenstadt ein wenig amerikanisch, nur deutlich übersichtlicher. Die Straßenschluchten sind hier eher Straßenschlüchtchen. Und: Sushi scheint in Auckland gerade schwer angesagt zu sein, jeder dritte Laden ist eine Sushi-Bar. Kannste mich ja mit jagen. Stattdessen stärken wir uns (eben echt amerikanisch) bei *Sal's Authentic New York Pizza*, heiß und fettig. Genau das Richtige bei dem schmuddeligen Frühlingswetter draußen. Es regnet wie aus Badewannen, was hier häufiger der Fall zu sein scheint. Denn kluge Architekten haben sich etwas einfallen lassen, so dass man trotz Regens trockenen Fußes durch die Innenstadt gelangt: Fast alle Bürgersteige um die Queen Street sind überdacht.

Als wir nach dem Essen in die Victoria Street einbiegen, steht er plötzlich und ohne vorherige Ankündigung vor uns: der Sky Tower. Meine Güte, was für ein Gerät! Die Absprungplattform befindet sich in 192 Metern Höhe. Was dort oben stattfindet, ist kein klassischer Bungeesprung – und das ist auch der Grund, warum ich überhaupt in Erwägung ziehe, es zu versuchen. Aktiv einen Schritt ins Leere machen und danach ohne Halt frei fallen, das könnte ich niemals tun. Aber ich hatte mich vorher schlaugemacht: Der »Skyjump« funktioniert ein wenig anders.

»Wie geht es dir, wenn du jetzt da hochguckst?«, erkundigt sich Thomas.

»Ich weiß es nicht. Vielleicht werde ich gleich auch einfach sagen: Sieht total schön aus von hier oben, ich komme jetzt wieder runter – mit dem Fahrstuhl.«

In dem Moment fällt jemand von der Plattform, ich kann kaum hingucken. Für die gesamte Strecke braucht man etwa fünfzehn Sekunden, was einer zwischenzeitlichen Höchstgeschwindigkeit von 85 Stundenkilometern entspricht. Das ist doch krank!

Im Untergeschoss des Towers lerne ich Geoff kennen, der mir genaue Anweisungen gibt und mich in einen blauen Ganzkörperanzug steckt. Dank eines gelben Blitzes auf der Brust sieht der Overall aus wie das Outfit eines Superhelden. Wie passend.

»Deine Wertsachen kannst du hier in einem Spind einschließen«, sagt er. »Bitte leere deine Hosentaschen komplett aus, es darf sich aus Sicherheitsgründen nichts darin befinden.« Ich erinnere mich an die Anweisungen vor dem »Edgewalk« auf Torontos CN Tower. Dort musste ich mir sogar in meinen Mund gucken lassen, ob ich auch ja kein Kaugummi drin habe. Einen kleinen Scherz kann ich mir bei Geoff aber trotzdem nicht verkneifen: »Mein benutztes Taschentuch kann ich aber drin lassen, oder?« Daraufhin antwortet er freundlich, aber bestimmt, dass das »technically not correct« sei. Also hole ich es raus und lege es ebenfalls in mein Schließfach. Ich werde gewogen und bekomme die 84 auf mein Handgelenk geschrieben. Das sei wichtig für die Kollegen oben, um die richtige Zugkraft einzustellen. Dann wird meine Brille mit einer Kordel gesichert, und ich bekomme jede Menge Gurtgeschirr angelegt, an dem man später Seile und Haken und Karabiner befestigen kann. Schließlich bringt mich Geoff zum Fahrstuhl.

Meine Kniescheiben tanzen, aber keinen Freudentanz. Ich wusste, dass das hier eine bescheuerte Idee ist. Warum tue ich mir so was jedes Mal wieder an? Vielleicht ist es die leise Hoffnung, dass ich meine Höhenangst durch solche Mutproben irgendwann einmal in den Griff kriegen werde. Die Fahrstuhltür geht auf – und ich sehe nur noch Himmel. Grauen Himmel. Die Gebäude von Downtown Auckland liegen unter mir. Der Regen peitscht an die Fensterscheiben, es muss da draußen gerade ganz schön stürmisch und ungemütlich sein.

»Hier drüben sind wir«, ruft ein junger Mann und winkt mich zu sich heran. »Ich bin Andy, und das ist Poko.« Poko steht hinter einer dicken Kabelrolle, auf der gut 200 Meter Drahtseil aufgewickelt sind, und hält ihre Fotokamera in der Hand.

»Einmal fürs Fotoalbum posen, bitte«, sagt sie, und ich tue so, als wäre ich verdammt cool. In Wahrheit aber geht mir die Düse. Ich lasse kurz meinen Blick in Richtung Plattform schweifen. Das ist tatsächlich einfach nur ein schmaler Steg, der nach ein paar Metern im Nichts endet. Genau da werde ich gleich stehen.

»Bist du bereit?«, fragt Andy.

»Überhaupt nicht«, antworte ich.

»Cool, dann geht's los.« Wahrscheinlich hat Andy solche Antworten schon Hunderte Male gehört und weiß genau, wie er seine Opfer nach draußen kriegt.

Nur sehr zögerlich verlasse ich den sicheren Bereich hinter der Glastür und klammere mich dabei an dem Geländer der Plattform fest. Sturm und Regen fliegen mir um die Ohren. Ich bleibe an einem Punkt stehen, der mir halbwegs sicher erscheint – ungefähr 20 Zentimeter hinter der Glastür. Andy steht bereits am Abgrund.

»Ich werde dich jetzt festmachen«, ruft er. »Dafür musst du noch ein paar Schritte weiter rauskommen.« Zwischen uns liegen drei, vier Meter, und ich halte es für nicht machbar, noch weiter zu gehen. Lieber würde ich jetzt sofort sterben.

Andy erbarmt sich, kommt mir entgegen und gibt mir seine Hand. Dann setzt bei mir eine Bewegung ein, die ich vor fünfzehn Jahren in der Tanzschule gelernt habe: der einfache Bluesschritt. Mit dem linken Fuß mache ich einen klitzekleinen Schritt zur Seite und ziehe den rechten Fuß nach. Das wiederhole ich vorsichtig und kontrolliert, bis ich etwa bei der Hälfte der Plattform angekommen bin. Es ist immer der Gedanke da: Jetzt eine falsche Bewegung, und alles ist vorbei. Wobei die falsche Bewegung in diesem Fall aus einem äußerst wilden Breakdance mit abschließendem Salto bestehen müsste, um hier ungesichert in Gefahr zu geraten. Ich bin von Geländern und Gittern umgeben, ich *kann* hier gar nicht runterfallen. Trotzdem bin ich nicht in der Lage, noch weiter zu gehen.

»Okay. Du kannst da stehen bleiben«, gibt sich Andy geschlagen und holt das Drahtseil zu mir, dessen anderes Ende bei Poko auf der Spule aufgewickelt ist. Das System ist so programmiert, dass es mich mit kontrollierten 85 km/h den Turm hinunterschickt. Links und rechts von mir werden gleich zwei weitere Seile, die mit dem Boden verbunden sind, dafür sorgen, dass ich in der Spur bleibe und – wenn alles gutgeht – auf einem genau definierten Punkt am Boden lande. Poko gibt mein Gewicht in ihren Computer ein, damit er weiß, welche Kraft er aufwenden muss, um mich sicher nach unten zu bringen. Kein Bungee, kein freies Rumbaumeln, sondern ein berechneter und programmierter Basejump – für Schisser wie mich.

»Jetzt muss ich die letzten Karabiner an deinem Rücken festmachen«, sagt Andy. »Dafür musst du bitte ganz nach vorne kommen.« Mir dreht sich der Magen um. Ich starre geradeaus und tue, was Andy mir sagt.

Dann kommt der schrecklichste Moment: Ich soll mich um 90 Grad drehen – mit dem Gesicht zum Abgrund, zum Ende des Stegs, an dem es kein Geländer mehr gibt. An der Stelle hört die Plattform einfach auf. Wenn ich jetzt einen falschen Schritt mache, bin ich weg.

»Fuck«, sage ich, als ich vor dem Nichts stehe. Und zur Sicherheit gleich noch mal hinterher: »Fuck!«

»Es ist alles gut, Christoph. Du machst das super«, versucht Andy mich zu beruhigen und hält mich am Rücken fest. Der Regen klatscht mir von links ins Gesicht, ich nehme wahr, wie Andy »Three, two, one« sagt, und dann höre ich den erbärmlichsten Schrei, den jemals jemand in einem Superheldenkostüm von sich gegeben hat. Andy hat mich losgelassen, und für einen Moment fühlt es sich so an, als würde ich frei fallen. Ein furchtbares Gefühl. Es dauert einige Sekunden, bis ich die Situation verstanden habe, spüre, wie ich vom Drahtseil geführt werde, und mich schließlich wieder einigermaßen im Griff habe.

Dann ist es schon vorbei.

Nach fünfzehn Sekunden lande ich auf einem roten Punkt am Boden, an dem Geoff, Amy und Thomas auf mich warten. Mein ganzer Körper zittert, Adrenalin rast durch sämtliche Kammern.

»Wie war dein ›Skyjump‹?«, ruft Geoff aufgeregt, und ich rufe zurück: »Ich weiß es nicht!« Das ist allerdings reine Höflichkeit. Es war fürchterlich! Ganz schlimm! Und ich bin sauer auf mich. Niemand hatte von mir verlangt, diesen Schwachsinn zu machen – und doch hat mal wieder die Neugier gesiegt. Es hätte wirklich nichts dagegen gesprochen, meine 42 Stunden in Neuseeland so entspannt ausklingen zu lassen, wie sie anfingen: ein bisschen roadtrippen, romantische Maori-Geschichten hören, Schinkenbrot mit überbackenem Käse essen.

Immerhin hat Neuseeland mir ein für alle Mal etwas beigebracht, das ich mir endlich hinter die Löffel schreiben sollte: Die Höhe und ich, wir passen einfach nicht zusammen. Und ich bin alt genug, das jetzt endlich zu akzeptieren.

## DAS AUCKLAND-VIDEO

# #TAG7

# VON AUCKLAND NACH KATHMANDU

Mein kleiner
blauer Weltreisekarton

Auf der Suche nach einer Unterkunft in Nepal hatte ich eine Anfrage ins Couchsurfing-Forum von Kathmandu gestellt. Daraufhin meldeten sich zahlreiche gastfreundliche Nepalesen, darunter Maya. Sie schrieb, dass sie seit vielen Jahren ein Waisenhaus südlich von Kathmandu leite und regelmäßig Volunteers über Couchsurfing generiere. Der Deal wäre ganz einfach: Ich kann bei ihr wohnen und helfe dafür ein wenig im Alltag mit. Die Idee fand ich super.

In einer Mail fragte ich Maya, ob es irgendetwas gebe, das ich den Kindern mitbringen könnte. Ja, antwortete sie, vor allem Kleidung sei immer knapp, für einige der 20 Waisen habe sie maximal eine Wechselgarderobe. Daraufhin dachte ich lange herum. Es wäre sicherlich kein Problem, in Kiel eine Kleiderspende zu organisieren. Aber wie würde ich sie über Lima, Las Vegas und Neuseeland bis nach Kathmandu bekommen? Der Weg erschien mir etwas umständlich. Also streckte ich meine Fühler direkt nach Auckland, dem Etappenziel vor Kathmandu, aus.

Die Auckland City Mission sagte mir gleich ab: »Wir versorgen bedürftige Kinder hier in Auckland, deshalb sind wir leider nicht imstande, Sie bei Ihrem Vorhaben zu unterstützen. Versuchen Sie es bei Save The Children.« Die wiederum verwiesen mich an die Heilsarmee, wo ich letztlich fündig wurde. So verabredeten wir ein Treffen in einem Secondhand-Geschäft der Salvation Army in Auckland.

Als ich sage, wer ich bin, weiß Michael hinter der Kasse gleich, worum es geht: »Warte, ich schau mal hinten nach.«

Eine Minute später kommt er mit einem riesigen blauen Druckerkarton aus dem Lager zurück. Darauf steht mein Name geschrieben, was mich wirklich total rührt, weil mir bewusst wird, was hier gerade passiert. Es war ja eigentlich nur eine kleine Idee, die ich zu Hause in Kiel an meinem Schreibtisch hatte. Und wenige Tage später bemühen sich am anderen Ende der Welt fremde Menschen, einen Kleiderkarton zu packen, auf den sie meinen Namen schreiben, damit ich ihn auf einen anderen Kontinent mitnehmen kann. Das macht mich stolz.

»Wow, ist der schwer!«, staune ich, als ich den Karton anhebe.

»Wir haben ihn nicht gewogen. Ist er zu schwer?«, fragt Michael.

»Ich darf 20 Kilo aufgeben. Das müsste gerade noch passen. Vielen, vielen Dank, Michael!«

Am Flughafen schaue ich zum ersten Mal genauer in den Karton und stelle fest, dass an vielen Kleidungsstücken noch die Originalpreisschilder hängen. Ich hatte eigentlich mit Secondhand-Kleidung gerechnet – nicht mit Neuware. Es sind unglaublich viele Sachen darin: Schlafanzüge, Unterhosen, Socken, Jeans und Jogginghosen, T-Shirts, leichte Jacken, Poloshirts, Pullover. Ich zähle nicht nach, aber es müssen an die 100 Teile sein.

Um sicherzustellen, dass ich mich nicht der kommerziellen Verschiffung von Textilien (oder wie das heißt) schuldig mache, entferne ich sämtliche Etiketten.

»Meinst du, dass ich so einen Karton überhaupt aufgeben darf?«, frage ich Thomas.

»Das weiß ich nicht. Die eine oder andere Nachfrage wird am Schalter sicherlich kommen.«

»Of course you can, no worries«, löst die nette Dame am Check-in-Schalter die Spannung. Die ganze Aufregung umsonst. »Ich würde Sie nur bitten, auf diesem Zettel die Fragen zum Inhalt zu beantworten.« Aha, also doch Sonderbehandlung. Die Frau reicht mir ein Tabellenformular, auf dem ich genau eintragen muss, was sich in dem Karton befindet. Auch das genaue Gewicht (siebzehn Kilo, sagt die Waage) wird eingetragen. Zusätzlich fragt sie mich nach meiner Unterschrift auf der Schlaufe, die am Gepäckstück befestigt wird. Dort steht irgendwas vom Warschauer Abkommen. Passt schon, denke ich und setze ein selbstbewusstes Karrasch darunter. Schließlich habe ich nichts zu verbergen. Oder etwa doch? Bleibt Neuware vielleicht Neuware, auch wenn das Etikett ab ist? Wir werden sehen.

Wenn ich ganz ehrlich bin, greife ich mit dieser Druckerkarton-Episode dem Aufgabenvoting für Kathmandu schon ein wenig voraus. Denn die Optionen lauten:

**A: Tue etwas Gutes!**

**B: Es gibt in Nepal ein eher gewöhnungsbedürftiges (weil sehr fettiges) Getränk: tibetischen Buttertee. Guten Appetit!**

Der Buttertee scheint bei meinen Followern eine der allerersten Assoziationen zu Nepal und dem Himalaya-Gebiet zu sein. Der Vorschlag kam gleich vierfach – von Arndt, Sven, Erik und Bijoux. Es handelt sich dabei um ein suppenartiges Getränk aus Salz und Butter, die aus der Milch des zentralasiatischen Yak-Rindes hergestellt wird. Böse Zungen behaupten, die Milch würde ranzig schmecken. Na herrlich!

Aufgabe A, die bisher am offensten gestellte, ist der Wunsch von Angelika und wirft bei mir schon seit Wochen Fragen auf: Was könnte ich tun? Was ist etwas Gutes? Wie groß muss *gut* sein, um gut genug zu sein? Während ich überlegte, bekam ich die Einladung von Maya, und irgendwie fügten sich die Dinge anschließend automatisch. Mal sehen also, ob mich die Abstimmung in meiner Planung bestätigen wird – oder ob ich doch am Buttertee nippen muss.

Was ich vor der Reise nicht gedacht hätte: Es gibt zwischendurch echte Momente der Ruhe – Augenblicke, in denen nichts passiert und man einfach bei sich sein kann. Als wir zwei Stunden vor Abflug am Gate sitzen, zücke ich zum ersten Mal das Buch, das ich gerade lese – obwohl ich nie damit gerechnet hätte, wirklich zum Schmökern zu kommen.

Das Timing ist gut: Mit »Die Besteigung des Rum Doodle« von William E. Bowman kann ich mich schon mal ein wenig auf Nepal vorbereiten – oder besser gesagt: Das Buch bringt mir eine Seite von Nepal näher, die ich während meiner 30 Stunden Aufenthalt nicht zu Gesicht bekommen werde. Die Geschichte handelt von der Besteigung des wahren höchsten Bergs der Welt. Nur Trottel denken, dass es sich dabei um den Mount Everest handelt. In Wirklichkeit ist es der 40.000 1/2 Fuß hohe Rum Doodle, der im Himalaya ganz in der Nähe des Everest steht, allerdings ein wenig in Vergessenheit geraten ist. In dem Buch macht sich eine Schar aus sechs britischen Gentlemen auf den Weg zur Erstbesteigung des Rum Doodle – nur leider ist jeder von ihnen gänzlich unfähig, seine ihm zugeteilte Aufgabe zu erfüllen: Der Teamarzt ist die ganze Zeit krank, der Navigator verirrt sich ständig, und der Dolmetscher ist der Sprache der Einheimischen nur unzureichend mächtig.

Es lässt sich bereits erahnen: Dies ist kein echter Expeditionsbericht, sondern eine urkomische Satire, die der Hobbybergsteiger Bowman bereits 1956 schrieb und die in Bergsteigerkreisen absoluter Kult ist. Ich war im Rahmen der #10Tage-Vorbereitungen eher zufällig darauf gestoßen.

Wir verlassen Neuseeland um kurz nach Mitternacht Richtung Singapur, bald nach dem Start nicke ich ein und wache erst sieben Stunden später wieder auf. Ich habe phantastisch geschlafen, so gut ging mir bisher noch kein Flug von der Hand. Das macht mich glücklich.

Noch besser geht's mir, als ich zum Frühstück gebratene Nudeln mit Hähnchen gereicht bekomme, der erste Hinweis, dass wir in (oder zumindest über) Asien sind. Mein liebster Kontinent. Nichts hat mich bisher so fasziniert. Ich habe über Tokios LED-Straßenschluchten gestaunt, auf Borneo nach Orang-Utans gesucht, habe in Malaysia bei einer Familie auf dem Land gewohnt und bin an Traumstränden in Thailand getaucht. Dabei war ich mir zu Beginn gar nicht so sicher, ob Asien und ich überhaupt zusammenpassen.

Bangkok war 2011 meine erste Berührung mit Asien. Die

Stadt überforderte mich maßlos. Sie war laut und stank, sie war zu voll und zu fremd. Ich konnte es kaum erwarten, sie zu verlassen und mich auf meine geplante Reise Richtung Süden bis nach Singapur zu begeben.

Kurz bevor ich wieder nach Hause flog, legte ich noch einen zweitägigen Stopover in Bangkok ein und machte meinen Trip damit rund. Denn ich hatte mich nach einigen Wochen in Südostasien an das dortige Leben gewöhnt und konnte Thailands Dreizehn-Millionen-Metropole nun im Vergleich zu allem anderen, was ich gesehen hatte, viel besser einschätzen. Sie war so schön laut und stank, sie war voll und so wunderbar fremd. Seitdem ist sie für mich die faszinierendste aller Städte auf dem faszinierendsten aller Kontinente.

Touchdown Singapur – und ich komme schon wieder nicht aus dem Schwärmen raus. Der Changi-Airport ist der beste Flughafen, den ich kenne (mal abgesehen von dem Teppich, der sicherlich eher Geschmackssache ist – einfach mal die Google-Bildersuche bemühen, dann wisst ihr, was ich meine). Wer sich hier im Transitbereich befindet, muss sich wirklich keine Sorgen machen, seine Zeit rumzukriegen. Es gibt 24-Stunden-Kinos mit kostenlosen Filmen, Spielekonsolen, ganze Themenparks für Kinder sowie Schmetterlings-, Orchideen- und Sonnenblumengärten. Wer länger als fünf Stunden Aufenthalt am Flughafen hat, kann außerdem eine zweistündige Stadtrundfahrt durch Singapur unternehmen. Wo gibt es denn so was?

Thomas und ich entscheiden uns während unserer drei Stunden Aufenthalt für das Naheliegendste: Wir entern den

Open-Air-Pool für vierzehn Singapur-Dollar pro Person inklusive Freigetränk. Es ist gerade erst sieben Uhr morgens, die Wasseroberfläche liegt noch ganz jungfräulich da, als wir uns die Klamotten vom Leib reißen und in der feuchtwarmen Morgenluft ins seichte Wasser plumpsen. Mehr braucht es manchmal nicht, um mit sich und der Welt zufrieden zu sein.

In der Schlange für den Weiterflug nach Kathmandu stehen viele Menschen mit Funktionskleidung und Trekkingstiefeln. Jeder um uns herum scheint zum Wandern oder Bergsteigen nach Nepal zu fliegen. Thomas und ich sind die Einzigen in Jeans und Sneakern.

Im Flugzeug sitze ich neben Karen, einer Engländerin, die in Neuseeland lebt. Wir stellen fest, dass wir mit der gleichen Maschine aus Auckland gekommen sind.

»Ich werde mit drei Freunden auf dem Manaslu-Trek wandern, östlich des Annapurna-Massivs«, erzählt die Endvierzigerin. Sie habe vor 20 Jahren in Indien ihre ersten Trekkingerfahrungen gesammelt, als sie von dort ins Himalaya-Gebirge gewandert war. »Seitdem komme ich etwa alle zwei Jahre hierher, diesmal habe ich einen Monat Zeit.«

Dann kommt die unvermeidliche Gegenfrage, wie lange wir im Land sein werden.

Ich zögere.

»Einen Tag«, sage ich schließlich und schiebe schnell hinterher, das sei nur ein kurzer Stopover, bevor es weiter nach Delhi gehe. Karen zieht die Augenbrauen zusammen, beschließt aber offenbar, nicht weiter nachzufragen, sondern sagt, dass Delhi toll sei – und ich hoffe, sie meint den Flughafen. Dass wir auch dort nur zwei Stunden vor dem Weiterflug nach Dubai verbringen werden, verschweige ich lieber. Denn vor jemandem, der sich für Nepal einen Monat Zeit nimmt, schäme ich mich ein bisschen.

Das andere Hauptthema in der Kabine ist das schlimme Bergsteiger-Unglück, das sich erst vor fünf Tagen in Nepal ereignet hat. Ein unerwarteter Schneesturm war am 14. Oktober über das Zentrum des Landes hinweggefegt und hatte auf dem berühmten Annapurna-Trek über 500 Menschen eingeschlossen. Bis jetzt wurden schon über 40 Todesopfer bestätigt.

Hinter uns sitzen Alex und Daniel aus Kassel. Die beiden Mittzwanziger wollen in den nächsten zwei Wochen zum Annapurna Base Camp wandern – also genau in die Region, in der das Unglück passiert ist.

»Was macht das mit euch, wenn ihr solche Nachrichten hört?«, will ich wissen.

»Das bedeutet einfach, dass wir noch wachsamer sein müssen«, sagt Alex. »Ich bin schon viel in den Pyrenäen gewandert.« Ich stutze. Der höchste Gipfel in dem spanisch-französischen Gebirge liegt meines Wissens irgendwo bei 3.500 Metern. Die Verhältnisse dürften im Vergleich zum Himalaya also deutlich entspannter sein. Aber was verstehe ich schon vom Bergsteigen?

An unserem Fenster fliegen die schneeweißen Gipfel der Himalaya-Berge vorbei. Der Pilot meldet sich aus dem Cockpit, dass irgendwo auf der rechten Seite der Mount Everest zu sehen sei. Ich fotografiere wie wild, kann aber nur raten, ob ich den richtigen Gipfel erwischt habe.

Dann verlässt das Flugzeug seine Reiseflughöhe und steuert auf den Erdboden zu. Kathmandu, wir kommen – und irgendwie bin ich beruhigt, dass ich mit Bergsteigen in den nächsten 30 Stunden nichts am Hut haben werde.

# #TAG8

## IN KATHMANDU

### Tanzen mit Mr President

Von allen Orten dieser Reise habe ich mich auf Kathmandu von Anfang an am meisten gefreut. Mir ist es nach wie vor ein Rätsel, wie Nepals Hauptstadt bei all den großen und beliebten Reisezielen in Asien (Bangkok, Tokio, Singapur, Bali) eine Mehrheit für sich gewinnen konnte, aber ich freue mich wahnsinnig darüber. Dieses Ergebnis ist für mich der Beweis, dass es die richtige Entscheidung war, die Route nicht selbst zu bestimmen. Überraschungen wie diese hätte ich sonst sicher nicht erlebt, denn Kathmandu ist ohne Zweifel das außergewöhnlichste Ziel von #10Tage.

Bei der Einreise ärgere ich mich über meine eigene Blödheit. Für keines der Ziele musste ich mich vorher um ein Visum oder sonstige Einreisevorkehrungen kümmern. Nur bei Nepal steht auf der Seite des Auswärtigen Amts, dass man für das Visa on Arrival ein Passfoto dabeihaben muss. Habe ich natürlich auch. Aber wir mussten gestern Abend in Auckland mal wieder unser Handgepäck umpacken und aufgeben – die Sieben-Kilo-Regel. Und natürlich habe ich an alles gedacht: Laptop, Schlafbrille, Ohrenstöpsel und Ladekabel. Nur ein wichtiges Teil liegt noch immer in meinem Koffer, der wahrscheinlich schon auf dem Gepäckband hinter den Einreiseschaltern seine Runden dreht: das Passfoto.

Alle anderen Passagiere haben ihre Dokumente und Bilder in der Hand, als wir aus dem Flughafenbus Richtung Einreisehalle laufen – auch Thomas, den ich vorher mehrfach erinnert hatte: »Denk an dein Passfoto!« In der Einreisehalle stehen Tische, an denen man die ausgelegten Visabögen ausfüllen muss. Am oberen rechten Rand prangt ein viereckiger Rahmen für das mitgebrachte Bild.

»Was soll ich denn jetzt machen?«, frage ich Thomas verzweifelt. »Die lassen mich doch ohne Foto nicht rein.«

»Was ist denn das da vorne?«, entgegnet Thomas. Tatsächlich, ein Fotoautomat! Doch bei genauerem Hinsehen fällt auf, dass es ein ziemlich verwaister und stromloser Fotoautomat ist.

»Can I help you, Sir?« Ein junger Zollbeamter tippt mir auf die Schulter. Ich erkläre ihm meine Sorgen.

»Oh, no problem«, beruhigt er mich. »Wir haben hier einen Computer, mit dem Sie den Antrag online ausfüllen können. Und die Webcam macht dann noch ein Foto von Ihnen.«

Glück gehabt.

Erst jetzt fällt mir auf, wie provisorisch hier alles aussieht. Im Grunde genommen besteht Kathmandus Flughafen aus einer leeren Halle, in der die Ankömmlinge und Abreisenden nur mit ein paar Sichtschutzwänden in die richtigen Bahnen gelenkt werden.

Dieser Eindruck ändert sich auch am Gepäckband nicht, wo ich mir ein Lachen nicht verkneifen kann. Denn Koffer – ihr wisst schon, die mit Rollen und Griff – sind hier deutlich in der Unterzahl. Auf dem Band kreisen unzählige abenteuerlich verschnürte Pappkartons. Auch meiner. Dass ich mir vor wenigen Stunden über den akkurat verschlossenen Druckerkarton solche Gedanken gemacht habe, wirkt gerade ein bisschen lächerlich. Hier transportieren alle ihre Reiseutensilien so. Und für das, was drin ist, interessiert sich sowieso niemand.

»Where you go, Sir?« Aus der Taxibude in der Ankunftshalle winkt uns ein Mann zu sich heran.

»Nach Lalitpur«, antworte ich. An mehr Details der Adresse kann ich mich nicht erinnern. »Eine Sekunde.« Ich krame mein Handy aus der Hosentasche und zeige dem Mann Mayas Telefonnummer. Er zögert keine Sekunde, wählt die Nummer – und zwei Minuten und einen vollgeschriebenen Zettel später weiß er alles, was er wissen muss.

»Das macht 1.100 Rupien.« Umgerechnet knapp neun Euro. Vermutlich viel zu viel, steht aber so auf einer offiziellen Preistabelle.

Wir werden von unserem Fahrer nach draußen zu seinem Kastenwagen begleitet. Ich bin ein bisschen überrascht, wie organisiert und schnell hier alles läuft. Ich hatte mit mehr Gewusel, mehr ratlosem Rumstehen, wildem Gestikulieren, ein wenig Bartkratzen und zwei, drei Verlegenheitszigaretten gerechnet, bevor sich jemand in Bewegung setzt, um uns zu transportieren.

Es ist ein überdurchschnittlich warmer Herbsttag in Kathmandu, 27 Grad. Ich nehme auf dem Rücksitz Platz und schiebe die Fensterscheibe des alten Fahrzeugs zurück, um ein wenig frische Luft zu schnappen. Doch der Dampf, der sich durch den Schlitz ins Wageninnere presst, ist für meine mitteleuropäische Lunge eher schwer zu verarbeiten.

Dagegen war Lima ein Frischluftparadies. Fahrtwind gibt es nicht, weil wir uns nicht bewegen. Die Ausfahrt vom Flughafen ist komplett verstopft.

»Rushhour«, ruft unser Fahrer entschuldigend nach hinten. Ich schaue auf die Uhr. Es ist dreizehn Uhr. Wahrscheinlich ist das die berühmte asiatische Rushhour, die 24 Stunden dauert.

Der gelbe DHL-Laster neben uns qualmt bei dauerhaftem Standgas, doch wie alle anderen Omnibusse, Frachttransporter und sonstigen Großvehikel ist er der Verlierer in diesem Spiel. Die Rollerfahrer um uns herum ziehen ruckartig am Gashahn ihrer Zweitakter, um sich in jede sich bietende Lücke zu quetschen, und hinterlassen schwarzen Ruß auf meinen Nüstern. Ich schiebe das Fenster noch ein Stück weiter auf – und fühle mich pudelwohl.

Orte wie Kathmandu beweisen mir, dass ich wirklich reise. Hier ist alles anders, kaum etwas ist mit den Strukturen zu vergleichen, die ich aus meinem behüteten Zuhause an der Ostsee kenne. Das hier ist diese große weite Welt, von der die Leute immer sprechen. Abenteuerlich verknotete Stromleitungen über der Fahrbahn, provisorische Autowerkstätten am Straßenrand, die schlechte Stadtluft, der Verkehr – das sind die offensichtlichsten Boten dieser Fremde. Dahinter steckt ein Leben, das zu verstehen man als Vorbeireisender kaum imstande ist. Es ist ein dauerhaftes Staunen, das sich in den staubigen, teils unasphaltierten Hauptstraßen dieser Millionenstadt auf mein Gesicht legt. Ich bin fasziniert, wie das, was auf den Straßen passiert, überhaupt funktionieren kann – und beeindruckt, dass am Ende des Tages doch irgendwie immer alle an ihrem Ziel ankommen.

Die Strecke vom Flughafen nach Lalitpur – übrigens die drittgrößte Stadt Nepals, die sich ohne erkennbare Grenze an Kathmandus Südende schmiegt – beträgt rund zehn Kilometer. Nach einer Dreiviertelstunde erkundige ich mich, wie lange es wohl noch dauern wird.

»Only one hour«, verstehe ich von vorne. »Now traffic good.«

Als wir 20 Minuten später am verabredeten Treffpunkt ankommen, stelle ich beruhigt fest, dass der Fahrer die Gesamtzeit meinte. Klare Faustregel: Zehn Kilometer, eine Stunde.

»Namaste, Christoph.« Eine kleine Frau mit geflochtenen schwarzen Haaren und rotem Bindi-Punkt am Haaransatz kommt mit ausgestrecktem Arm auf mich zu. »Ich bin es, Maya.«

Im Schlepptau hat sie einen ebenso kleinen Mann mit Schnurrbart, Brille und Kappe, den sie als Mr President vorstellt. Er ist ihr Ehemann, der bei der Begrüßung verlegen kichert und dann »mmh, mmh« macht, weil er nicht weiß, was er sonst noch sagen soll. Wir quetschen uns allesamt ins Taxi und biegen in eine Straße, die an den Stadtrand von Lalitpur führt. Das letzte Stück müssen wir laufen, die Buckelpiste möchte Maya dem Taxifahrer nicht zumuten. Mr President und sie tragen unsere Koffer, ich laufe mit dem Druckerkarton hinterher, bis wir an einem schwarzen Tor mit goldenen Verzierungen ankommen. Dahinter ein weißes, dreistöckiges Haus – das Waisenhaus. Es ist alles ruhig, als wir eintreten.

»Die Kinder sind noch in der Schule«, erklärt Maya.

Nur ein Junge sitzt auf der Dachterrasse. Er schaut mich

mit großen Kulleraugen an und legt sich zur Begrüßung eine Hand auf die Brust. »Namaste«, sagt er, und ich lächele ihm mit der gleichen Geste zu.

»Das ist Arjun, er ist gerade krank.«

Die Aussicht von der Dachterrasse ist unglaublich. Das Haus liegt an einem Hang, der Ausblick reicht über das weite Kathmandu-Tal. Die grünen Terrassen sind Farmland, hier werden Reis, Chili, Spinat und andere Grundnahrungsmittel angebaut. Dazwischen stehen vereinzelt ein paar magere Kühe als Nutztiere. Viele Kilometer entfernt ragen sanfte Hügelketten auf, weit dahinter sind sogar einige weiße Himalaya-Spitzen zu erkennen. Ich glaube, schöner kann man nicht wohnen.

Im Inneren herrscht allerdings ein anderes Bild. Das Haus ist recht karg eingerichtet. Im ersten Stock stehen ein paar harte Bänke und Tische, an denen die Kinder ihre Hausaufgaben machen. Die Zimmer der Mädchen und Jungen sind zweckmäßig mit Stockbetten ausgestattet – in jedem Raum wohnen bis zu sechs von ihnen. Das Badezimmer befindet sich dort, wo der Geruch herkommt. Immerhin gibt es fließend Wasser, die Qualität dürfte allerdings eher fragwürdig sein. Auch Maya ist mit der Situation unzufrieden.

»Wir haben dieses Haus nur vorübergehend gemietet«, erzählt sie, als sie uns in das Büro im Obergeschoss bittet und wir auf einem kleinen Sofa Platz nehmen. Vor dem Fenster steht ein brauner Holzschreibtisch mit Lederstuhl, der Chefsessel. Mr President lässt sich hineinfallen und rückt das Namensschild vor sich zurecht. Es verrät, dass er hier der Boss ist. Zumindest auf dem Papier. Fürs Reden scheint seine Frau zuständig zu sein.

»Eigentlich bauen wir für die Kinder gerade ein Haus im Süden Nepals. Aber wir haben im Moment nicht genügend Geld, um weiterzumachen.«

Ich bemerke, wie Mr President sich ins Gespräch einbringen möchte, er scheint nur auf den passenden Moment zu warten, eine Redepause seiner Frau. Währenddessen versucht er, sich aus der zurückgelehnten Haltung zu lösen, was nur bedingt klappt, da seine kurzen Beine in der Luft baumeln. Er wippt mit dem Oberkörper vor und zurück, um sein Gewicht nach vorne zu verlagern, und brummt dabei ein immer lauter werdendes »mmh, mmh, mmmmh«. Dann hat er es endlich geschafft – und unsere Aufmerksamkeit hat er auch. Als er schließlich zum Reden ansetzt, klopft es an der Tür. Mr President seufzt.

Eine Frau, die sich als Lila vorstellt, betritt das Büro mit einem Tablett in der Hand. Es ist die Erzieherin, sie reicht uns Tee und Nudelsuppe.

Maya schlürft ihre Suppe, und Mr President sieht seine Chance.

»Also, wir …«, setzt er an. Doch weit kommt er nicht.

»Richtig«, unterbricht Maya mit vollem Mund. »Wir sind für den Hausbau gerade auf der Suche nach Sponsoren aus Europa.«

Mr President stößt ein genervtes »mmmmh« aus und lässt sich resigniert in seinen Chefsessel fallen. Na, dann halt nicht, sagt sein Blick.

Hinter der Bürotür höre ich aufgeregte Stimmen. Das müssen die Kinder sein. Kurz darauf geht die Tür auf, und ein Junge und ein Mädchen kommen auf mich zugelaufen. Er heißt Rohan und ist fünf, sie Prabha und ist acht Jahre alt.

Aufgeschlossen und wild – das fällt mir zu den beiden Wirbelwinden als Erstes ein. Nach nur wenigen Sekunden springen sie auf mir herum und untersuchen meine Videokamera. Kein langsames Kennenlernen, kein schüchternes Herantasten. Die Kinder sitzen auf meinem Schoß, ihre Finger patschen auf dem Objektiv herum. Diese Distanzlosigkeit überrascht mich. Klar, die Freiwilligenhelfer wechseln hier häufiger – sie sind es gewohnt, dass von Zeit zu Zeit Fremde hier sind. Aber so gar keine Berührungsängste zu haben finde ich doch überraschend. Ich drehe das Display um, so dass Prabha sich beim Filmen sehen kann.

»Namaste«, sagt sie in die Kamera. »Where are you come from?«

»I'm from Germany«, antworte ich.

»How old are you?«

»I'm 30.«

Ein anderes Mädchen kommt zu uns und schaltet sich ins Gespräch ein.

»My name is Ganga. What is your name?«

»My name is Christoph.«

»Can you give me 20 Rupees?« Ich muss lachen. Ganz schön abgebrüht, die Kleine. Nur kurz die wichtigsten Fakten abgeklopft, um dann zum Wesentlichen vorzudringen.

»Nein, leider nicht. Aber ich habe euch etwas anderes mitgebracht.«

Draußen auf der Dachterrasse steht der Pappkarton, die anderen Kinder haben sich schon im Halbkreis versammelt. 20 Kinder leben zurzeit bei Maya und Mr President. Die kleinen wuseln kreuz und quer über die Terrasse, die großen lehnen lieber lässig an der Wand. Ich hatte noch keine Gelegenheit, mich den Kindern vorzustellen, da fliegen schon die ersten Klamotten durch die Gegend.

Prabha bekommt ein mintgrünes Longsleeve und einen weißen Schlafanzug, der fünfjährige Rohan hüpft vor Freude, als ihm die Erzieherin ein graues Shirt mit einem bunten Superhelden-Aufdruck anzieht. Seinem Quieken nach zu urteilen, könnte er glücklicher nicht sein. Die Coolen an der Wand nehmen eher regungslos eine Reihe Poloshirts entgegen und schlüpfen hinein. Ich schaue der Modenschau gespannt zu, als mich jemand am Arm zieht.

»Komm mal mit«, sagt Arjun, der kranke Junge. »Ich möchte dir auch etwas schenken.« Wir gehen zum anderen Ende der Terrasse, wo er mir einen Zettel in die Hand drückt. »Ich habe für dich eine Mischung aus Schmetterling und Mädchen gemalt.« Auf dem Papier sind zwei riesige bunte Schmetterlingsflügel zu sehen – und in der Mitte ein Mädchen, das den Tierkörper bildet. Darüber steht »Made by Arjun Tamata«.

»Ein Butterflygirl. Vielen Dank, Arjun«, sage ich und bin ehrlich von seinem Talent beeindruckt.

»Gern geschehen, Bruder.«

Mich beeindruckt, wie gut die Kinder Englisch sprechen. Selbst die ganz Kleinen verstehen und sprechen einiges, so dass wir uns austauschen können. Es fühlt sich so an, als hätten sie hier bei Maya, Mr President und den Erzieherinnen eine gute Zeit. Dabei vergesse ich fast, dass sie alle in frühester Kindheit Dinge verkraften mussten, die für die meisten von uns unvorstellbar sind – sonst wären sie ja nicht hier.

Rohan, Prabha und Ganga sind keine Waisen, wurden aber von ihren Eltern weggegeben, weil sie weder für genügend Essen noch für eine ausreichende Schulbildung hätten sorgen können. Die Mutter von Karan, einem der Großen, starb, der Vater heiratete neu und verstieß seine Kinder aus erster Ehe. Und Arjuns Vater beging Selbstmord, woraufhin seine Mutter nicht mehr für ihn sorgen konnte, da sie noch drei weitere Kinder durchzubringen hatte.

Maya erzählt mir diese Details mit einer Beiläufigkeit, die mir einen Kloß im Hals beschert. Ich kann ihre Distanz zu diesen Dingen aber verstehen. Für sie ist das Alltag. Sie leitet das Waisenhaus seit knapp 20 Jahren und hat Hunderte Kinder bei sich aufgenommen. Jedes einzelne mit einer eigenen traurigen Geschichte. Das sind Verhältnisse, die ich mir einfach nicht vorstellen kann. Noch weniger, wenn ich sehe, wie ausgelassen die Stimmung auf der Dachterrasse ist. Ich hole meine Ukulele aus meinem Zimmer, zeige den Kindern ein paar Griffe und spiele ihnen deutsche Lieder vor. Sie klatschen und johlen. Plötzlich steht Karan auf und fängt zusammen mit Prabha an zu tanzen. Dabei erzählt er, dass er einmal Tänzer werden möchte. »So wie Justin Timberlake.« Und sogar Mr President sieht jetzt endlich einmal die Gelegenheit, so richtig aus sich rauszukommen. Er schunkelt mit und macht »mmmh«, wann immer ich singe – so als würde ihm gleich der Text einfallen. Für mich sind es die bisher intensivsten Stunden der Reise. Immer wieder lasse ich meinen Blick über die grünen Hügel und das Kathmandu-Tal schweifen und kann nicht begreifen, was für ein schöner, lustiger und gleichzeitig zerrissener Ort das hier ist.

Es ist schon dunkel, als die Kinder sich an ihre Hausaufgaben setzen. Strom gibt es nicht. Lediglich ein paar Kerzen erleuchten den Raum, in dem sie sich ihren Aufgaben widmen.

Arjun und Dipesh sollen einen Erste-Hilfe-Kasten für die Schule basteln. Als sie mich fragen, ob ich etwas dazu beisteuern kann, plündere ich meine Reiseapotheke. Pflaster, sterile Kompressen und ein Verband wechseln den Besitzer. Andere Kinder turnen auf mir herum und machen mich zum Pferd. Irgendwo im Haus malträtiert jemand die Ukulele. Karan und Dipesh rappen dazu. Das stockdunkle Haus lebt.

Die achtjährige Ganga zieht mich am Arm und schiebt mich in das Mädchenzimmer. »Versprich mir, dass du es niemandem sagst«, flüstert sie. Ich bin gespannt, was jetzt kommt. Will sie mir ein Geheimnis anvertrauen?

»Gibst du mir jetzt 20 Rupien?«, fragt sie – und meint es ernst.

Ich bin erstaunt, irgendjemand scheint den Kleinen beigebracht zu haben, dass es eine gute Idee sei – oder zumindest einen Versuch wert –, bei Menschen wie mir nach Geld zu fragen. Ich versuche, Ganga zu erklären, dass ich nicht gekommen bin, um Geld an die Kinder zu verteilen, sondern um Zeit mit ihnen zu verbringen.

»Okay, understand«, antwortet sie enttäuscht.

Aus der Küche im Obergeschoss ist lautes Topfklappern zu hören.

»Das Essen ist fertig«, ruft Arjun. Wir gehen nach oben. Bevor wir uns auf den Küchenboden setzen, stellen sich alle im Kreis auf, legen die Handflächen aufeinander und sprechen ein Gebet. Dann serviert Lila Dal Bhat, das Nationalgericht Nepals. Prabha erklärt mir, was drin ist: »Kartoffeln, Reis, Spinat, Chili und Sauce.« Es schmeckt ausgezeichnet.

Nach dem Essen setzen Thomas und ich uns draußen auf den Steinvorsprung vor der Haustür, mal kurz durchatmen. So schön es bei den Kindern ist – 20 davon sind auf Dauer ganz schön anstrengend.

Der Himmel über dem Kathmandu-Tal ist sternenklar. Kein Licht am Boden stört den Blick auf das Firmament, um uns herum ist es komplett finster. Drinnen wird es langsam ruhiger, die Kinder machen sich bettfertig. Ich schaue nach oben und atme tief ein: ein weiterer Ort der Ruhe.

Aus dem Dunkel höre ich schlurfende Schritte, die näher kommen.

»Schaut ihr euch die Sterne an?«, fragt Dipesh. »Schön, oder?«

»Ihr wohnt an einem der schönsten Orte, die ich je gesehen habe«, antworte ich.

»Aber bei euch zu Hause gibt es bestimmt immer Strom, oder?«

»Ja. Was ist mit eurem Strom? Ausgefallen?«

»Nein, es gibt in unserer Region nicht genügend Strom für alle Häuser. Jeder Distrikt bekommt für sechs Stunden Strom und muss anschließend sechs Stunden ohne auskommen. In der Zeit hat dann ein anderer Distrikt Strom.« Er zeigt hinunter ins Tal – und tatsächlich: Weiter hinten sehe ich eine Siedlung, aus deren Häusern Lichter scheinen.

»Ist Finnland in der Nähe von Deutschland?«, fragt Dipesh unvermittelt.

Nachdem ich in den letzten Tagen die Dimensionen unserer Erde am eigenen Leib gespürt habe, kann ich mit Gewissheit antworten: »Ja, Finnland ist nicht weit weg von meinem Zuhause. Warum fragst du?«

»Wir hatten mal einen Helfer aus Finnland, mit dem ich mich gut verstanden habe. Ich möchte gern irgendwann nach Finnland reisen. Und nach Deutschland möchte ich auch. Und Amerika. Wenn ich mit der Schule fertig bin, will ich reisen und Fotos machen!«

»Das ist ein ziemlich guter Plan, Dipesh«, sage ich, denn ich verstehe genau, was er meint. Das wollte ich auch mein ganzes Leben lang tun. Reisen und den Menschen davon erzählen – mit Geschichten und Bildern. Und weil dieser Traum wahr geworden ist, haben wir jetzt die Möglichkeit, uns hier zu treffen. Deshalb sitzen Dipesh, Thomas und ich vor einem Waisenhaus in Lalitpur unter dem klarsten Sternenhimmel, den ich seit langem gesehen habe. Meine Voraussetzungen, mir meinen Traum zu erfüllen, waren ganz sicher deutlich besser, als die von Dipesh sein werden, wenn er in fünf Jahren mit der Schule fertig ist. Aber ist es nicht am allerwichtigsten, überhaupt einen Traum zu haben?

Im Fenster der großen Jungs erlischt der letzte fahle Kerzenschein, als wir uns auf den Weg in unser Gästezimmer machen. Es liegt im ersten Stock neben dem Badezimmer und ist genauso kahl wie alle anderen Räume. Außer einem alten, rostigen Stockbett ist es leer. Ich schalte mein Handy ein, um eine SMS nach Hause zu schicken, wo ich jetzt bin und dass es mir gutgeht. Doch das Display zeigt keinen Empfang an. Nicht das einzige Luxusproblem, über das ich stolpere. Auch an einen Internetzugang ist hier natürlich nicht zu denken, so dass ich noch immer keine Ahnung habe, für welche der beiden Hauptaufgaben sich meine Follower entschieden haben. Macht nichts, denke ich. Das macht wirklich gar nichts. Es gab heute Wichtigeres. Dieser Ort hat mich randvoll gemacht, so dass ich um 21 Uhr in einen tiefen, seligen Schlaf falle.

Um kurz nach sechs höre ich die ersten Kinderstimmen vor der Tür, erlaube mir aber den Luxus, mich noch mal für eine Viertelstunde umzudrehen. Dann ist Schluss, es klopft an der Tür.

»Guten Morgen, seid ihr schon wach?« Es ist Maya.

»Moment.« Ich mache ihr die Tür auf.

»Ich hoffe, ihr habt gut geschlafen?«

»Ja, sehr gut.« Das ist nicht gelogen: Diese Nacht war trotz der fleckigen Matratze in einem rostigen, quietschenden Stockbett mit einem schnarchenden Thomas über mir mit Abstand die beste der Reise.

Oben wird erneut mit Töpfen geklappert, und als sich alle in der Küche versammelt haben, gibt es wieder Dal Bhat. Die Kinder haben bereits ihre Schuluniformen an. Gleich werden sie sich auf ihren halbstündigen Fußmarsch zur Schule machen. Da Thomas und ich nicht mehr da sein werden, wenn sie zurückkommen, machen wir vor der Tür noch ein paar Erinnerungsfotos, für die mir Arjun, Dipesh und Karan ihre krassesten Rapperposen zeigen. Als Letztes verabschiede ich mich von Ganga, die mich zu sich herunter zieht.

»Schau mal, ich brauche Tape«, sie zeigt auf das Band um ihren Hals, das ihren Schulausweis nur noch unzureichend festhält. Ich schlage ihr vor, Lila danach zu fragen.

»Hast du keines?«, hakt Ganga nach.

»Nein.«

»Kein Problem. Du kannst mir zehn Rupien geben. Dann kaufe ich welches.«

Ich bin mir sicher, dass sie eines Tages eine exzellente Geschäftsfrau sein wird.

Wir haben in diesem Haus seit gestern eine enorme Gastfreundschaft erfahren – genau genommen haben wir Vollpension mit warmen Mahlzeiten, Nachmittagssüppchen und einer Flasche Wasser am Bett genossen. Deutlich mehr, als man als Couchsurfer von seinem Gastgeber erwarten kann, dafür zeigen wir uns bei Maya finanziell erkenntlich. Es ist aber auch klargeworden, dass sie eigentlich keine freiwilligen Helfer sucht – sondern Spender für den geplanten Hausbau. Und ich bin mir nicht sicher, ob die Couchsurfing-Plattform dafür der richtige Ort ist.

Wir sind heute mit Gokul verabredet. Maya bietet an, uns zum Treffpunkt zu fahren. Also quetschen wir uns in ihren kleinen Dreitürer, wissen allerdings nicht, wohin mit unseren Koffern. Maya sitzt am Steuer, Thomas, Lila und ich haben unsere Knie an die Brust geklemmt. Aber zum Glück ist Mr President klein genug, um das Gepäck auf seinem Schoß zu stapeln.

Fünf Minuten später haben wir die Buckelpiste, die Maya dem Taxifahrer gestern nicht antun wollte, hinter uns und sind in Lalitpurs Zentrum angekommen. Zeit, Abschied zu nehmen. Maya, Mr President, Lila, Thomas und ich schütteln unsere Hände kreuz und quer, Maya bedankt sich, ich bedanke mich, Mr President bedankt sich etwas lauter, dann setzt Maya noch ein »Thank you« obendrauf. Schließlich dreht sie sich um und geht. Der kleine Mann mit Schnurrbart, Brille und Kappe aber bleibt noch einen Moment stehen, bis seine Frau zwei, drei Meter entfernt ist. Dann hebt er seine Hand und sagt noch einmal: »Thank you.« Endlich hat er auch mal das letzte Wort.

Gokul habe ich – genau wie Mila und Amy – auf einer Internetplattform für Tourguides gefunden. Ich zählte ihm per Mail einige der Aufgaben für Kathmandu auf und ließ ihn einschätzen, ob man all das an einem Tag schaffen könne. Ja, das sei kein Problem, antwortete er und unterschrieb seine Mail mit »GoCOOL«. So wie »HartMOOD« oder »ElisaBAD«. Es ist das Erste, worauf ich ihn anspreche, als wir am Treffpunkt unser Gepäck in seinen Wagen laden.

»Ich mag das Wortspiel«, erklärt er. »So klingt der Name internationaler.« Nach einer Pause fügt er hinzu: »Und außerdem bedeutet Gokul auf Sanskrit Kuhherde. Nicht besonders cool, oder?« Wir müssen alle lachen. Das könnte ein lustiger Tag werden.

Gokul ist ein adrett gekleideter junger Mann. Schwarze Lederschuhe, dunkle Jeans, ein dünner Wollpulli mit V-Ausschnitt und darüber ein graues Sakko. Er sieht aus wie ein Geschäftsmann. »Ja, das stimmt«, sagt er. »Ich habe in Bhaktapur Tourismus studiert und danach meine eigene Trekkingagentur aufgemacht. Normalerweise begleiten meine Mitarbeiter und ich Trekkinggruppen über mehrere Wochen zum Annapurna, Manaslu oder Mount Everest.«

»Ganz bis nach oben?«

»Meistens bis zum Base Camp. Auf den Weg zum Gipfel des Mount Everest machen sich jedes Jahr nur ungefähr 200 Menschen.«

»Echt? Da hätte ich mit mehr gerechnet.«

»Die Genehmigung für die Besteigung kostet 11.000 Dollar pro Person, das ist eine ganze Menge.« Allerdings.

Unseren ersten Stopp legen wir am berühmten Durbar Square ein, genauer gesagt in einem Innenhof am Rande des wuseligen Tempelplatzes. Mir wurde die Aufgabe gestellt, ein Foto von Kathmandus aktueller Kumari zu schießen. Ein unmögliches Unterfangen, denn die Kumari wird als Heilige verehrt. Fotografieren strengstens verboten. Sie ist ein junges Mädchen, das von Zeit zu Zeit aus dem oberen Stockwerk des Kumari-Bahal-Tempels zu den Einheimischen und Touristen im Innenhof herabschaut. Wer einen Blick von ihr erhascht, dem wird Glück widerfahren.

Eine jahrhundertealte Legende besagt, dass die Göttin Taleju jeden Abend in das Gemach des Königs kam, um mit ihm Würfel zu spielen. Diese Treffen waren streng geheim. (Würfel spielen, ist klar!) Eines Abends erfuhr die Frau des Königs davon, woraufhin Taleju wütend wurde und für immer verschwand. Sie ließ den König wissen, dass sie im Körper eines jungen Mädchens wiedergeboren werden würde. Seitdem gibt es in Nepal den Brauch, die Verkörperung von Taleju in noch nicht geschlechtsreifen Mädchen zu suchen.

Leider steckt dahinter eine ziemlich unmenschliche und traurige Tradition. Durch ein strenges Auswahlverfahren werden die Kumari bestimmt, eine für jede Region in Nepal. Um zu sehen, wer die Richtige für das Amt ist, müssen junge Mädchen, manchmal erst zwei Jahre alt, grausame Tests bestehen – unter anderem eine Nacht in einem Raum mit den blutenden Schädeln frisch geschlachteter Ziegen und Büffel verbringen. Wer keine Angst zeigt, wird zur Kumari. Das Mädchen behält seinen Status bis zur ersten Menstruation, dann gilt es als unrein und wird durch die nächste Generation ersetzt. Während ihrer Amtszeit sitzt die Kumari fast ausschließlich in ihrem stillen Kämmerlein und studiert die heiligen Bücher – Kontakt zur Außenwelt hat sie kaum. Nur zu religiösen Festen darf sie Streifzüge durch die Stadt unternehmen.

Das allein ist für ein Kind sicherlich schon traurig genug, doch auch der Rest seines Lebens verläuft in ziemlicher Isolation. Ein Aberglaube besagt, dass der Mann, der eine Ex-Kumari heiratet, kurze Zeit später stirbt. Glücklicherweise zeigt die Realität, dass bisher jede ehemalige Göttin doch einen Ehemann gefunden und Kinder bekommen hat. Trotzdem: Während ihrer Amtszeit dürfen die Mädchen nicht lachen und lernen nicht, sich zu unterhalten. Auch die Schulbildung ist eher dürftig. Zwar erhält Kathmandus Kumari inzwischen Unterricht durch einen Privatlehrer, dieser gestaltet sich allerdings recht schwierig, da man einer Kumari nicht widersprechen darf.

Andere Länder, andere Sitten – und ich weiß, dass man mit der Kritik an religiösen Bräuchen vorsichtig sein sollte. Gokul erscheint mir jedoch aufgeschlossen genug, um ihn nach seiner Meinung zu fragen.

»Das Thema ist in Nepal sehr zwiegespalten«, sagt er. »Besonders auf dem Land hat die Kumari noch immer eine sehr große Bedeutung. In der Stadt, wo die Menschen moderner sind, sieht man das Thema mehr und mehr kritisch. Ich persönlich finde diese Tradition nicht gut – aber es ist eben seit Jahrhunderten in der Kultur meines Heimatlandes verwurzelt.«

Ein anderer Tourguide, der mit einer 30-köpfigen Gruppe Italiener hier ist, ruft durch den Innenhof, dass die Kumari sich gleich zeigen wird und nun bitte jeder seinen Fotoapparat wegstecken muss. »Absolutely no photos!«, wiederholt er noch drei oder vier Mal, bis es wirklich alle verstanden haben.

Dann wird es mucksmäuschenstill, an der Fensterfront im Obergeschoss tut sich etwas. Links und rechts positionieren sich zwei grimmig schauende Männer, vermutlich ihre Bewacher, und kurz darauf kommt sie zum Vorschein. Ein kleines Mädchen, vielleicht neun Jahre alt, Lippen und Stirn knallrot geschminkt und in ein rotes Gewand gehüllt. Es setzt sich auf die Fensterbank und schaut ausdruckslos auf die Menschen unter sich. Eine, vielleicht zwei Minuten verharrt die Kumari so, dann wendet sie ihre traurigen, leeren Augen ab und verschwindet wieder hinter ihrem Vorhang. Was für ein bedrückender Auftritt.

Draußen auf dem Durbar Square räuchern Stäbchen an den Gebetsplätzen, Gläubige läuten Glocken, Mönche drehen in orangefarbenen Gewändern ihre Runden, Fahrradrikschas quetschen sich durch die engen Gassen, Tausende Tauben fliegen über die Dächer der Tempel. Einer von ihnen heißt Kasthamandap.

»Kast bedeutet Holz«, übersetzt Gokul. »Angeblich wurde der Tempel aus dem Holz eines einziges Baumes gefertigt.« Und: Kasthamandap ist auch der Namensgeber für die Stadt. Daraus hat sich über die Jahre der Name Kathmandu entwickelt.

Die Stadtgeschichte geht ebenfalls auf eine Legende zurück. Um 950 nach Christus soll dem damaligen König die Göttin Mahalakshmi im Traum erschienen sein und ihm aufgetragen haben, an dem Zusammenfluss von Vishnumati und Bagmati eine Siedlung zu gründen. Allerdings ist klar, dass der Ort zu dem Zeitpunkt längst existierte. Teile des Tempelkomplexes Swayambhunath zum Beispiel sollen etwa 2.500 Jahre alt sein. Er thront im Westen der Stadt auf einem Hügel.

Wir statten Swayambhunath einen Besuch ab, um eine eher alberne, aber lustige Aufgabe zu erfüllen. Jojo hatte vorgeschlagen, ich solle versuchen, dort einen Keks zu essen. Klingt erst mal nicht sonderlich spektakulär. Wenn man aber weiß, dass der Spitzname dieses Ortes »Affentempel« ist, bekommt man eine Ahnung davon, dass das durchaus eine Herausforderung werden könnte.

Wir betreten den Komplex über die Westseite, wo im Eingangsbereich ein großer kreisrunder Brunnen steht. Am Geländer stehen Menschen und werfen Münzen in die Mitte. Als ich genauer hinschaue, erkenne ich einen goldenen Krug am Fuße einer Buddhastatue, in die das Geld gelangen soll. Wie bei einer Jahrmarktbude, nur dass die Leute nicht Geld gegen Bälle eintauschen, um sie auf ihr Ziel zu werfen, sie werfen gleich das Geld. Bringt scheinbar Glück – und dem Tempel eine Menge Bares.

Von Affen bisher noch keine Spur, auch nicht, als wir an den Händlern mit Ketten und Ringen vorbeilaufen.

»Nein, hier entlang«, ruft mir Gokul zu, als wir auf dem Hauptplatz ankommen, zu meiner Linken die Stupa-Pagode, die vergoldet in den Himmel ragt und den höchsten

Punkt des Tempels markiert. »Heilige Bauwerke wie dieses passieren wir grundsätzlich im Uhrzeigersinn, so dass wir ihnen unsere rechte Seite zuwenden.« Gut, dann eben andersherum. Rund um die Pagode ist die Aussicht auf das unter uns liegende Kathmandu grandios. Steinmetze meißeln an verzierten Tellern, die sie zum Kauf anbieten, die Einheimischen befragen mit Hilfe von Stäbchen, Feuer und anderen Ritualwerkzeugen ihr Schicksal, hölzerne Gebetsmühlen mit Schriftzeichen drehen sich im Wind – und über den Boden huschen endlich ein paar Makakenaffen.

Einer sitzt inmitten von undefinierbaren roten Körnern, die offenbar gut schmecken. Ein anderer hält seine Schnauze in einen mit Regenwasser gefüllten Steinkrug. Alle essen und trinken, da wird sich bestimmt niemand für meine Kekse interessieren. Doch allein das Rascheln der Plastikverpackung scheint auf die Primaten äußerst attraktiv zu wirken. In null Komma nix sitzt hinter mir auf einer goldenen Skulptur einer der haarigen Kollegen und starrt mich an.

Ich lasse mich nicht irritieren, und als ich den ersten Bissen im Mund habe und zu ihm schaue, wendet er sich beschämt, fast ängstlich von mir ab.

»Oh, er scheint sich doch eher zu fürchten«, sage ich zu Gokul.

Doch das ist reine Taktik, damit ich mich in Sicherheit wiege. Im nächsten Moment schnellen seine kleinen Hände zum Keks. Knapp verfehlt. Aber der zweite Versuch sitzt. Der Affe schnappt sich meinen Keks und springt mit einem Satz auf die Goldstatue.

»Na, dann haben wir wenigstens beide einen«, lache ich und hole einen neuen Keks aus der Packung.

Wir verlassen den Affentempel auf der Ostseite über eine lange Steintreppe, auf der sich weitere Äffchen tummeln. 365 steile Stufen, die beweisen, wie weit wir uns hier gerade über der Stadt befinden.

Zurück im Gewusel der Innenstadt, bitte ich Gokul um einen letzten Stopp, bevor wir uns auf den Weg zum Flughafen machen müssen.

Es gibt einen Ort, über den ich bei der Reiseplanung gestolpert bin und den ich unbedingt sehen will. Er kam als Aufgabe auf mich zugeflogen: »Besuche Nepals berühmteste Bar und trinke einen Himalayan Ice Tea.« Ich fing an zu googeln: Himalayan Ice Tea – keine eindeutigen Treffer. Famous Bar Nepal – nichts Konkretes, zumindest nicht auf Seite eins. Aber dann irgendwann stieß ich auf ein Lokal in Kathmandu, das der Bezeichnung »Nepals berühmteste Bar« gerecht werden könnte. Ich fand heraus, dass sich dort die internationalen Bergsteiger treffen, bevor oder nachdem sie sich auf ihre Trecks begeben. Durch den Namen dieser Bar bin ich auf meine Reiselektüre gestoßen. Der Laden heißt *Rum Doodle Bar*.

Schon im Treppenhaus der Bar, die sich in Kathmandus berühmtem Touriviertel Thamel befindet, deutet sich an, warum sie Kultstatus besitzt. An den Wänden hängen riesige Fußabdrücke, auf denen die Besucher sich mit Namen und Herkunftsland verewigt haben – und im Hauptsaal zeigt sich schließlich die ganze Pracht.

Ich starre nach oben und bekomme den Mund nicht mehr zu. Von der Decke hängen dicht an dicht unzählige von diesen Fußabdrücken. Es müssen Tausende sein.

»Jeder Bergsteiger, der hierherkommt, hinterlässt seinen Fußabdruck«, erzählt Gokul.

Portugal, Italien, Australien, USA, China, Kenia, Marokko ... die Liste ließe sich unendlich fortsetzen.

»Dieser Kult entstand, als sich einst die ersten Bergsteiger hier trafen und von ihren Abenteuern erzählten.« Gokul führt uns zu einer Wand im hinteren Bereich. Hinter einer Glasscheibe hängen die Unterschriften der ganz Großen.

»Hier ist der Fuß von Sir Edward Hillary, dem Erstbesteiger des Mount Everest – und hier der von Reinhold Messner.« Ich muss lachen. Der von Messner hat keine Zehen mehr – wie im echten Leben.

Wir setzen uns an einen Tisch auf der Dachterrasse und werfen einen Blick in die Karte. Ich bestelle Bœuf Stroganoff – und dazu natürlich einen Himalayan Ice Tea.

»Wenn du den Mount Everest bestiegen hättest, würdest du ihn umsonst bekommen«, sagt Gokul. »Ich habe einen Freund, der das geschafft hat. Jedes Mal, wenn er hier ist, klatscht er mit den Barkeepern ab und kriegt ein Freibier.« Vielleicht sollte ich doch noch über eine Bergsteigerkarriere nachdenken.

Plötzlich fällt mir wieder ein, was ich in den letzten Stunden vollständig und erfolgreich verdrängt habe: das Internet.

»Ich weiß noch immer nicht, was meine Hauptaufgabe ist«, werfe ich in die Runde. Aber das stört mich keineswegs. Es fühlt sich richtig gut an, offline zu sein. Im Waisenhaus gab es kein Internet, auf den Straßen Kathmandus natürlich auch nicht – und ich habe es keine Sekunde vermisst.

Die Verantwortung und der Wille, meine Follower an dieser Reise teilhaben zu lassen, ist etwas total Schönes. Die Rückmeldungen und Kommentare haben mir mehrmals, vor allem natürlich während der Krankheit in Las Vegas, neuen Antrieb gegeben. Aber seit der Ankunft in Nepal ignoriere ich Smartphone und Laptop. Ich war in Kathmandu einfach nur da, im Hier und Jetzt, und habe mich voll auf diese Station eingelassen. Doch so langsam …

»Ich glaube, es gibt hier Internet«, unterbricht Gokul meine Gedanken, und kurz darauf erscheint auf meinem Display ein offenes Netzwerk, mit dem ich mich verbinden kann.

Zur Erinnerung: A – Gutes tun. B – Buttertee trinken.

Die Kommentare lauten:

»Von B gibt es bestimmt Durchmarsch. Nimm lieber A.«

»A. Und zur Belohnung dann B.«

»Wer A sagt, muss auch B sagen.«

Klingt erst einmal ausgeglichener, als es ist. Mit deutlichen 88 Prozent ist es der Vorschlag von Angelika geworden: Tue etwas Gutes. So einfach gesagt, so schwer zu erfüllen. Ich bin mir noch immer nicht sicher, was genau *gut* ist. Müll von der Straße aufheben? Einem Bettelmönch Kleingeld geben? Eine Kleiderspende nach Nepal verschiffen? Wie groß muss *gut* sein? Wie viel Zeit, Gedanken oder Geld muss man investieren, um *gut* zu sein? Meine Zeit in Kathmandu ist abgelaufen, und ich kann nur hoffen, dass ich sie gut genug genutzt habe.

»Wir müssen langsam zum Flughafen, der Verkehr ist nachmittags gewaltig«, sagt Gokul, woraufhin Thomas und ich unser mobiles Büro einpacken. Das fällt mir diesmal nicht leicht. Zum ersten Mal habe ich das Gefühl, dass meine Zeit an einem Ort zu kurz bemessen ist. Es war von vornherein klar, dass die Stunden für die Städte begrenzt sein würden – und damit konnte ich mich bis jetzt immer bestens arrangieren. Doch Kathmandu macht irgendetwas mit mir.

Wenn mein Sohn mal einen schlechten Morgen hat und an der Kindergartentür ganz und gar nicht möchte, dass ich ihn dortlasse, dann springt er auf meinen Arm und drückt sich mit Armen und Beinen so fest an mich, wie er nur kann. »Nur noch einen kleinen Moment«, flüstert er mir dann zu – und wer kann dazu schon nein sagen? So viel Zeit muss sein. Dann halten wir uns so lange fest, bis es okay ist, dass ich gehe.

Gerade bin ich der kleine Junge. Mein Körper verkrampft sich auf den letzten Kilometern in Gokuls Auto. Ich bin hier noch nicht fertig. Ich möchte bleiben. *Nur noch für einen kleinen Moment.* Ich möchte das Leben hier noch ein wenig besser verstehen lernen, die Kultur und die Bräuche, die mir sehr fremd erscheinen. Ich möchte noch eine Weile den begnadeten Steinmetzen am Affentempel zusehen und ein bisschen schwarzen Ruß einatmen. Ich möchte mit den Kindern singen und mit Mr President tanzen. Ich möchte mit dem Taxi durch die ganze Stadt fahren und dem vorbeirasenden Leben zuschauen. Ich möchte Buttertee probieren – und vielleicht auch zum Mount Everest wandern, um eines Tages meinen eigenen Fußabdruck in der *Rum Doodle Bar* hinterlassen zu können. Ich möchte mir die Kumari schnappen und mit ihr in einen Freizeitpark fahren.

Einiges davon wird vermutlich nie passieren, anderes hingegen hat meine *Ich wollte schon immer mal*-Liste um ein paar

Punkte erweitert. Irgendwann, verspreche ich mir. Irgendwann werde ich diese Stadt wiedersehen. Vorerst aber, Stück für Stück, verlasse ich sie. Gokuls fester Händedruck, die Lady am Check-in, die kleinen, grimmig schauenden Männer an der Sicherheitsschleuse, das hübsche Mädchen am Kaffeestand und schließlich der Pilot des Fluges 9W259 nach Delhi tragen mich von ihr weg.

### DAS KATHMANDU-VIDEO

# #TAG9

# VON KATHMANDU NACH KAPSTADT

Eine Runde Indien

Es ist schon dunkel, als wir Delhi erreichen, trotzdem ist die Stadt hell erleuchtet. Es findet gerade Diwali statt, das indische Lichterfest. Fast alle Häuser, die wir überfliegen, sind mit bunten Lichterketten geschmückt. Ach, wie gern hätte ich Indien auf dieser Reise besucht. Ich habe schon so viel davon gehört und noch mehr darüber gelesen. Einige Freunde erzählen mir, wie sehr sie Indien lieben – andere sagen, sie wollen nie wieder dorthin. Wie faszinierend muss dieser Subkontinent sein, wenn er so sehr polarisiert?

Deswegen hatte ich mir insgeheim gewünscht, dass das Voting auf Indien fällt. Auf kein anderes asiatisches Land haben sich so viele Stimmen vereint. Sie kamen rein für Delhi und Mumbai, Bangalore und Kolkata, Chandigarh, Varanasi und Madras. Mal hier ein paar Stimmen, mal dort ein paar. Aber eine Mehrheit gab es für keinen dieser Orte. Und deshalb ist Indien nicht dabei – abgesehen von den zwei Stunden am Flughafen in Delhi.

Der Zwischenstopp verläuft etwas holprig. Thomas und ich streiten uns über Nichtigkeiten, woraufhin er abhaut und erst eine Stunde später wieder auftaucht.

»Ist alles wieder gut?«, frage ich.

»Ja, alles wieder gut«, grummelt er.

»Ich denke, wir sollten langsam mal zum Gate gehen.« Abflug ist in einer halben Stunde.

An Delhis Flughafen können die Wege weit sein. Es gibt eine Art Zwischenschalter, den wir passieren müssen. Die Dame hinterm Tresen fragt, wo wir hinwollen, und zeigt sich anschließend sehr besorgt.

»Ich fürchte, den Flug werden Sie nicht mehr bekommen«, sagt sie mit mitleidigem Gesichtsausdruck.

»Was? Warum?« Ich spüre den nahenden Schweißausbruch.

»Die Maschine hebt gleich ab. Warten Sie, kommen Sie.«

Sie führt uns hinter ihrem Tresen zu einer verwaisten Sicherheitskontrolle und sagt den Kollegen, dass es bitte schnell gehen muss. Vermute ich zumindest. Doch anstatt lediglich einen Schnellcheck zu machen und uns viel Glück beim Erreichen des Fluges zu wünschen, scheinen die Männer reichlich Zeit zu haben. Ganz gemächlich schiebt der eine meinen Rucksack in die Röhre und schaut sich in Ruhe das Röntgenbild an. Irgendetwas scheint ihm nicht zu gefallen. Er kommt auf die grandiose Idee, den Rucksack rücklings noch ein zweites Mal zu scannen. Vielleicht sieht man von der anderen Seite ja mehr. Anschließend zieht er seinen Kollegen zu Rate, und die beiden diskutieren eine ganze Weile.

»Gibt es ein Problem?«, erkundige ich mich. »Wir haben es ein wenig eilig.«

Doch ich bekomme keine Antwort.

Dann kommt einer der Männer mit dem Rucksack auf mich zu. Ein Glück, denke ich.

»Open, please.«

»Das ist nicht euer Ernst«, fluche ich mit zusammengebissenen Zähnen. Ich reiße den Rucksack auf und will gerade nach meinen Sachen greifen, da gibt der Beamte mir mit einer Geste zu verstehen, dass das reicht. »Okay, thank you.«

Ich stehe wie gelähmt vor dem Mann und starre ihn an.

»Das ist doch nicht dein Ernst!«, wiederhole ich.

»Lauf schon mal vor«, ruft Thomas, der vermutlich dasselbe Spielchen vor sich hat. Noch fünfzehn Minuten bis zum Abflug.

Ich renne die Rolltreppe hoch, durch die Duftwolke der Duty-free-Abteilung, mache eine scharfe Linkskurve und finde eines dieser Laufbänder, die einem das Gehen auf langen Flughafenwegen erleichtern. Ich sprinte hinüber, schaue auf die vorbeirasende Ladenzeile und bin mir ziemlich sicher, dass ich Superman bin. Schweißgebadet komme ich endlich am Gate an – und stelle fest, dass die anderen Passagiere noch immer gelangweilt auf den Plastikstühlen im Wartebereich sitzen. Das Boarding hat noch nicht einmal begonnen.

Oh, Indien, ich habe ja gehört, dass du ein Land bist, dessen Impressionen, Menschen, Gerüche, Farben und Unzulänglichkeiten viele Reisende wahnsinnig machen können. Aber dass du das sogar während eines zweistündigen Aufenthalts im Transitbereich eines Flughafens schaffst, nein, das hätte ich nicht gedacht.

Der Flieger ist fast leer, so dass ich das größte Glück eines Economy-Passagiers erfahre: Ich kann mich über eine ganze Viererreihe ausbreiten. Der Wahnsinn! Am liebsten würde ich die gesamte Strecke bis Kapstadt hier liegen bleiben. Wie phantastisch ich schlafen würde! Leider dauert der Flug nur dreieinhalb Stunden, weil unsere Verbindung über Dubai geht – mit vier Stunden Aufenthalt von Mitternacht bis vier Uhr morgens. Immerhin: genügend Zeit zum Duschen, Kaffeetrinken und einen Besuch im Internet. Die Abstimmung für die letzte Hauptaufgabe steht noch aus.

**A: Es ist dein letzter Stopp. Genieße den Tag und tue, was du möchtest!**

**B: In den Armenvierteln der Stadt wird täglich Hilfe benötigt. Arbeite einen Tag lang in einem Township-Projekt mit!**

Von dem Neun-Stunden-Flug nach Südafrika bekomme ich nicht viel mit. Ich melde mich direkt nach dem Start ab. Ohropax, Schlafbrille – und tschüss.

Nach fünfeinhalb Stunden holt mich eine weiche weibliche Stimme von ganz weit weg wieder zurück. Ich öffne die Augen und schiebe die Schlafbrille nach oben. Vor mir steht eine Frau, die mich offensichtlich etwas fragt. Doch ich verstehe ihre Sprache nicht.

»Sorry?«, frage ich mit trockenem Mund und verklebten Augen.

Sie wiederholt die Frage, und jetzt bin ich mir sicher, dass wir keine gemeinsame phonetische Schnittmenge haben. Es sind nur Töne, die aus ihr herauskommen. Aliengeräusche. Ich zucke mit den Schultern. Um nicht zu schweigen, nuschele ich dazu irgendwas, das nach »Hmümmlnöm« klingt. Sie muss denken, dass *ich* ein Alien bin.

Ich schaue mich um. Thomas hat Rührei vor sich stehen, der Nachbar zu meiner Linken ein Omelett. Während sich mein Bewusstsein zurückmeldet und mein Sprachzentrum sich langsam in Bewegung setzt, erkenne ich, dass es sich bei der Frau um die Flugbegleiterin handelt.

»Coffee, please«, sage ich. Wow, der erste gerade Halbsatz. Die Flugbegleiterin atmet auf. Doch kein Alien. Dann fragt sie noch mal: »Und möchten Sie dazu gern Rührei oder Omelett?«

»Oh, man«, sage ich und schüttele den Kopf. »Omelett, please.«

»Danke für das nette Gespräch«, lacht sie. Puh, gerade noch die Kurve gekriegt.

Ich spüre inzwischen eine deutliche Erschöpfung. Mein Kopf ist voll mit Erlebnissen von vier Kontinenten. Vor allem Kathmandu schwirrt noch immer durch meine Gedanken. Die Eindrücke von dort sind noch so frisch, dass kaum mehr Platz für Neues ist.

»Mir kommt es vor, als wären wir schon neun Wochen unterwegs – und nicht neun Tage«, bringt Thomas meine Gedanken auf den Punkt. Wahrscheinlich ist das Erlebte viel zu viel und der menschliche Geist nicht für so viele Eindrücke in so kurzer Zeit gemacht. Wie die Schnüre eines Kapuzenpullis zieht sich mein Kopf mehr und mehr zusammen, um mir klarzumachen, dass es jetzt langsam reicht.

Ich habe das Gefühl, dass Kapstadt vielleicht keine faire Chance mehr bekommen wird. Was soll denn jetzt noch kommen?

# #TAG10

## IN KAPSTADT

Und plötzlich
passiert Kapstadt

Seit einer Dreiviertelstunde warten wir auf unseren Fahrer. Ich hatte mit unserem Hostel einen Pick-up vom Flughafen ausgemacht, doch es ist niemand gekommen. Auf keinem der Schilder, die im Ankunftsbereich hochgehalten werden, stehen unsere Namen.

In zwei Telefonaten versichert mir eine Frauenstimme, dass gleich jemand da sein wird. Wir sollten schon mal vorne in die Haupthalle gehen und uns an den Infopoint stellen.

»Sorry, guys«, ruft schließlich eine Stimme. »Wir dachten, dass ihr erst morgen kommt. Hi, ich bin Domingo.« Ein lässiger kleiner Kerl mit kurzen schwarzen Haaren, Baggyshorts und einer riesigen Sonnenbrille kommt auf uns zu und beendet endlich die Warterei. Ein Glück, denn die erste von 30 Stunden in Kapstadt ist bereits um.

»Kommt mit, der Wagen steht im Parkhaus.« Wenige Minuten später sind wir auf dem Highway Richtung Innenstadt unterwegs. Auf halber Strecke fahren wir an einem Meer aus Wellblechdächern vorbei.

»Das ist das Township Langa«, erklärt Domingo. »Eines der ältesten Südafrikas.«

»Warte«, werfe ich ein. »Wurde hier nicht ›Safe House‹ gedreht?«

»Genau, 2011 war Hollywood hier. Denzel Washington, Ryan Reynolds … Das war gut für die Menschen in Langa.« Domingo erzählt, dass die Produktionsfirma eine Menge Geld in das Township gebracht und viele der Bewohner in die Dreharbeiten mit einbezogen habe. Außerdem seien viele der provisorischen Hütten, in denen die Menschen hier wohnen, abgerissen und ein großer Wohnkomplex gebaut worden. »Jetzt hoffen alle, dass bald Teil zwei gedreht wird.«

Wir sprechen auch über Kriminalität, leider immer noch eines der ersten Themen, die einem zu südafrikanischen Städten einfallen.

»Es wird besser«, sagt Domingo. In der Long Street könne man sich gut bewegen, auch wenn es dunkel wird. Aber: »Es gibt immer eine falsche Zeit und einen falschen Ort.«

Unser Hostel trägt den schönen Namen *Once In Cape Town* und liegt direkt in Downtown – in der Kloof Street, eine Verlängerung der Long Street. Managerin Kim empfängt uns mit einer Flasche Wein, um sich für die Verspätung zu entschuldigen.

»Ist doch kein Ding«, wiegele ich ab. »Am Flughafen gab's Internet, damit kriegt man die Zeit immer rum.« Die Verzögerung hat schon etwas genervt, aber so konnte ich mir wenigstens das Aufgabenvoting anschauen. Das Ergebnis lautet mit 56 Prozent: Genieße den Tag und tue, was du möchtest! Klingt entspannt. Aber ich weiß gar nicht so genau, worauf ich eigentlich Lust habe. Ich mag mich nicht so richtig auf Kapstadt einlassen. Ist das der Reiseblues, der schneller einsetzt, je schneller man reist?

Wir bringen unsere Sachen aufs Zimmer und machen

uns auf den Weg in die Long Street – einfach mal ein bisschen schlendern, das habe ich bisher noch gar nicht gemacht. Die gusseisernen Balkone an den Häusern sind hübsch, genauso die bunten Fassaden, die von Arkadenbögen überdachten Bürgersteige spenden angenehmen Schatten. Ich linse mal hier in ein Café, mal dort in eine Bäckerei, aber ich komme einfach nicht so richtig rein ins Kapstadt-Feeling.

Vor der Reise habe ich jede Menge Tipps von Kapstadt-Fans bekommen, und jetzt bin ich ein wenig enttäuscht, dass ich die Großartigkeit dieser Stadt offenbar nicht auf den ersten Metern begreifen kann. Bin ich zu ungeduldig? Bei den anderen Orten hat es ja aber auch immer geklappt. Nein, es fühlt sich befremdlich an, hier durch die Straßen zu laufen. Ständig werde ich angequatscht und mit finsterer Miene nach Geld gefragt – das hilft natürlich nicht.

Wir laufen die Shortmarket Street hinunter zum Greenmarket Square, wo wir uns ins *Café Santé* setzen. Einfach mal nichts tun, nur gucken.

In der Mitte des Platzes ist ein afrikanischer Markt mit provisorischen Ständen aufgebaut. Big Mamas verkaufen Schmuck und Skulpturen, Tücher und Tand, die Luft riecht dann und wann nach Gras. Weiter links stehen zwei ältere Straßenmusiker, die auf ihren Gitarren herumzupfen. Ich höre ihnen zu. Musik hilft immer. Musik kann fast alles.

Als sie ihr Lied zu Ende gespielt haben, kommt einer von ihnen mit einem Korb auf uns zu.

»Some money for the music?«, fragt er, ein wenig lallend. Vielleicht ist er der Grund für den Marihuana-Geruch in der Luft. Ich hole 20 Rand aus meiner Tasche. »Dafür möchte ich, dass wir einen Song zusammen spielen. Okay?« Ich zeige auf meine Ukulele, die auf dem Stuhl rechts von mir liegt. Der alte Mann nickt und setzt sich zu mir.

»Wie heißen Sie, Sir?«, frage ich.

»Ich sage dir meinen Namen, wenn du mir deinen sagst«, entgegnet er.

»Mein Name ist Christoph.«

»Christoph«, wiederholt er und zeigt auf mich, bevor er seinen Finger auf sich selbst richtet: »Signi.« Hätten wir das geklärt.

»Wäre es möglich, dass Sie mir ein südafrikanisches Lied beibringen?«

»Okay, okay.« Dann legt er los – und bringt mich prompt zurück ins Spiel.

Eine einfache Akkordfolge fliegt über den Greenmarket Square, C-G-F-G. Zwei Durchgänge spielt Signi allein, dann setze ich mit der Ukulele ein. Um uns herum bleiben ein paar Passanten stehen. Meine Gesichtszüge entspannen sich, ich muss lächeln. Das hier ist schön. Signi beginnt auf Zulu zu singen:

»Yoyo, hamba na yo uyise le – ingoma si-thu.«

Es sind nur diese paar Worte, die er immer wiederholt, und die einen schönen Klang haben – vielleicht wegen Signis weichem Lallen. Sie bedeuten: »Nimm ihn mit zu dir nach Hause – unseren Song.«

Zwei, vielleicht drei Minuten sitzen wir so zusammen – und die reichen, um meine Laune aufzuhellen. Ich bedanke mich bei Signi, bevor er davonschlurft. Es müssen manchmal nur die richtigen Begegnungen stattfinden, die einen in das Leben eines Ortes eintauchen lassen, statt es nur zu beobachten – dann ist es ganz einfach, das mit der Stimmung. Wir machen uns auf den Weg zurück ins Hostel, denn für den heutigen Sonnenuntergang haben wir große Pläne.

Emil wartet auf uns. Er ist Anfang 20, kommt aus Kopenhagen, macht gerade für drei Monate ein Praktikum in Kapstadt und arbeitet nebenbei in unserem Hostel. Ein smarter braungebrannter Typ mit dunkelblonden Locken, der uns den Tafelberg zeigen und mit uns einen kühlen Sundowner trinken will.

»Hey guys«, begrüßt er Thomas und mich. »Wir sind heute zu viert. Ich habe euch die hübscheste Frau der Stadt organisiert.« Er hat nicht übertrieben.

»Hi, ich bin Chiara!«

Sie kommt aus Johannesburg und macht gerade Urlaub hier. »Ich wollte endlich mal Kapstadt bereisen. Ich war zwar als Kind schon mal hier, aber, you know, damals hat man halt nur so Kindersachen gemacht.«

Zusammen quetschen wir uns in ein Taxi, das uns für umgerechnet vier Euro zur Talstation der Seilbahn fährt. Ich weiß zwar von den spitzen Bemerkungen einiger Follower, dass die Besteigung des Tafelbergs nur dann zählt, wenn man sie zu Fuß gemeistert hat. Der Spaziergang dauere bei normalem Tempo allerdings etwa zwei Stunden, erzählt Emil. Um es noch rechtzeitig zum Sonnenuntergang zu schaffen, bleibt also nur das Cable Car.

Die Seilbahn ist voll mit Menschen, die genau dieselbe Ausrede wie ich benutzen, um nicht hochwandern zu müssen. Ich stehe inmitten von ihnen und blicke durch die Fensterscheibe auf die riesige Felswand vor uns. Das ist er also, der Tafelberg. Dann setzt sich das Cable Car in Bewegung – und zwar nicht nur nach oben, sondern auch seitlich. Kluge Köpfe haben hier eine 360-Grad-Drehung der Kabine eingebaut, so dass jeder Fahrgast alles sehen kann, während man sich vom Erdboden Richtung Hochplateau entfernt.

Ich schaue mir alles einmal an, schließe dann aber die Augen, um mir nicht den Augenblick, für den ich hier unterwegs bin, zu verderben – den Blick von oben. Erst als die Seilbahn auf rund 1.000 Metern im Inneren der Bergstation ankommt, öffne ich die Augen wieder und laufe zur nächsten Aussichtsplattform.

Das ist der Moment, in dem in Filmen immer dramatisch-romantische Musik eingespielt wird, in dem das Haar flattert und Halstücher im Wind wehen. Das Orchester in meinem Kopf dreht voll auf, denn ich bin überwältigt von dem, was ich sehe. Das Wetter ist perfekt, keine Wolke verdeckt die Sicht. Noch nie habe ich einen solchen Ausblick genossen, so hoch über einer Stadt, der Blick so weit auf den Ozean, in dem das Licht der untergehenden Sonne bricht.

Unten in der Bucht ragt die Gefängnisinsel Robben Island aus dem Wasser, links davor liegt die steile Bergspitze Lion's Head, der sichelförmige Strand von Camps Bay, daneben der langgezogene Hügelkamm des Signal Hill. Und ganz hinten kann ich sogar das Bauwerk erkennen, das von weitem wie eine riesige Klobrille aussieht – das Fußballstadion von der WM 2010.

Ich drehe mich um und sehe, dass Emil und Chiara verschwunden sind. Also machen Thomas und ich uns auf den Weg, um eine Runde über das flache Plateau zu drehen. Der Wind ist kräftig, er pustet mir den Kopf wieder frei. Von oben gefällt mir Kapstadt ziemlich gut. Ich kraxele ein wenig über Stock und Stein und schieße Bilder fürs heimische Fotoalbum. Hinter einem Felsvorsprung sehe ich Emil und Chiara sitzen, Seite an Seite. Sie unterhalten sich, schauen auf die Stadt und zeigen sich Dinge in der Tiefe, während die Sonne ihre Nacken langsam orange färbt.

»Was denkt ihr, sollen wir uns mal einen Sundowner besorgen?«, rufe ich hinüber.

»Großartige Idee!«

Kurz vor Ladenschluss entern wir das Café an der Seilbahnstation und lassen uns die letzten vier Biere des Tages zapfen. Wir setzen uns auf eine der Steinmauern, die die Sonne mit letzter Kraft anstrahlt.

Dann und wann unterhalten wir uns etwas, aber die meiste Zeit sitzen wir einfach nur da und schauen auf die Küste und das Meer hinunter. Der Augenblick ist perfekt.

Ich bin eigentlich kein großer Freund von Orten, die so ikonisch und klischeebeladen sind. Eiffelturm? Gut, fahren wir halt mal hoch. Sydney Opera House? Kann man mal vorbeischlendern. Tafelberg? Ja, okay, dann haben wir ihn mal gesehen. Viel größere Erwartungen habe ich an solche weltberühmten Sehenswürdigkeiten nicht. Aber diesmal muss ich mich korrigieren: Der Tafelberg ist einer der schönsten Orte, an denen ich je war. Vielleicht ist es verfrühte Melancholie, die bei mir einsetzt. Meine Weltreise ist fast zu Ende. Ich habe es tatsächlich geschafft, unseren Globus in zehn Tagen zu umrunden und dabei eine unglaubliche Zeit zu haben. Der Tiefpunkt in Las Vegas ist längst verblasst, nur noch eine kleine Anekdote zu Beginn des Trips. Abgesehen davon hat alles wie am Schnürchen geklappt. Ich habe keinen Flug verpasst, keine größeren Missgeschicke erlebt, wunderbare, faszinierende Orte gesehen, von denen ich vorher nie geträumt hatte – und vor allem tolle Menschen getroffen, die mich auf dieser Reise begleitet haben.

Wir stoßen mit goldgelbem Bier an, das in der goldgelben Sonne funkelt. Obwohl es noch über 24 Stunden dauert, bis ich wieder in Deutschland sein werde, ist das hier ein grandioser vorgezogener Abschluss. Und offensichtlich auch ein spitzenmäßiger Start für Emil und Chiara, denn als wir wieder zurück in die Stadt fahren, halten die beiden Händchen und verschwinden anschließend gemeinsam im Hostel. Ich vermute, dass Chiara bei diesem Kapstadt-Urlaub nicht mehr nur Kindersachen machen wird.

Wir werden draußen von einer rotblonden Frau abgefangen, die mit einer Freundin in der Open-Air-Bar des Hostels auf uns wartet. Es ist Hanni, mit der ich seit einigen Wochen in Kontakt bin. Wir haben uns für heute Abend verabredet. Sie ist 33, kommt aus Hannover und lebt seit gut zwei Jahren in Kapstadt.

»2004 war ich mit meinem damaligen Freund das erste Mal hier im Urlaub. Später habe ich dann in Kapstadt ein Praktikum beim Radio gemacht«, erzählt sie. Das mit dem Freund habe irgendwann nicht mehr so gut funktioniert. »Aber in die Stadt und vor allem die Menschen hier unten habe ich mich verliebt. Nach solchen Typen habe ich in Hannover, Bielefeld und Paderborn jahrelang vergeblich gesucht.« Was Hanni meint: Menschen, die etwas anpacken, die Ideen haben und risikobereit sind, abenteuerlustige Gründer.

»Moment, ich bin gleich wieder da«, sage ich und laufe hoch aufs Zimmer. Eine Minute später bin ich mit der Entschuldigungsweinflasche von vorhin wieder da. Wir lachen viel und reden wie Wasserfälle, die Weinflasche leert sich zusehends. Ich habe kein weiteres Ziel mehr, keine Pläne, keine Verpflichtungen, keine Zeiten, die ich einhalten muss. Ich fühle mich pudelwohl, indem ich einfach mal nichts tue.

»Es ist so krass, dass ihr jetzt wirklich hier seid«, sagt Hanni. »Ich habe die ganze Reise auf Facebook verfolgt, alles gesehen, was du gemacht hast – und jetzt sitzen wir hier zusammen und trinken Wein.« Wenn ich so drüber nachdenke, finde ich das auch ziemlich krass.

Hanni hat mich zwei Monate vor der Reise angeschrieben. »Tolles Projekt. Finde ich sehr erfrischend. Würde dir gern eine Aufgabe für Kapstadt geben«, schrieb sie damals. So kamen wir in Kontakt. Von ihr kam der Vorschlag, dass ich bei einem Hausbau in dem Township Lavender Hill mit anpacke – ihr tägliches Brot bei Projects Abroad, der Organisation, für die sie arbeitet.

»Ich habe aber heute gesehen, dass die Mehrheit deiner Follower gar nicht für meinen Vorschlag gestimmt hat«, sagt sie, als wir aufstehen, um uns auf den Weg ins Bett zu machen.

»Das stimmt, es war aber richtig knapp.«

»Heißt das, dass du morgen nicht mitkommen wirst?«

»Doch, natürlich. Meine Aufgabe lautet, ich soll tun, was ich möchte. Also werde ich morgen früh mit dir ins Township fahren.«

Ich schlafe sensationell gut. Nun habe ich den endgültigen Beweis dafür, dass sich mein Körper die gesamten zehn Tage über geweigert hat, in einem anderen als seinem Heimatrhythmus zu leben. Kapstadt liegt nämlich in der gleichen Zeitzone wie Deutschland. Ich schlafe um Mitternacht ein und wache um halb acht wieder auf. Keine weiteren Fragen.

Als ich nach unten ins Café komme, sitzt Thomas schon am Frühstückstisch. Er hat genauso gut geschlafen. Der letzte Tag auf Weltreise kann kommen.

Die Fahrt ins Township dauert etwa eine halbe Stunde, beim Cruisen über den Highway bekommen wir kurze Kapstadt-Eindrücke im Vorbeifliegen. Wir fahren am *Kenilworth Racecourse* vorbei, auf dem im Sommer Pferderennen stattfinden, und lassen den edlen *Royal Cape Golf Course* links liegen, bis wir auf die Military Road einbiegen und sich das Straßenbild schlagartig ändert. Die Gebäude sehen instabil aus, das erste Wellblech ist zu sehen. Die Bewohner sitzen auf dem Bürgersteig und haben offenbar nichts zu tun, Kinder spielen mit kaputten Autoreifen. Am Straßenrand türmt sich der Müll. Von hier scheinen die fast steril wirkende Long Street und die überwältigende Schönheit des Tafelbergs Lichtjahre entfernt.

»Muss ja ein ganz schön hartes Pflaster sein«, sage ich.

»Was meinst du?«, fragt Hanni.

»Na, Lavender Hill. Darüber liest man ja so einiges.« Vor zwei Jahren wanderten Meldungen durchs Internet, die für das Township einen halbjährigen Waffenstillstand zwischen den verfeindeten Gangs vermeldet hatten. Für internationale Medien ein Grund zu berichten, weil Schießereien hier vorher an der Tagesordnung gewesen sein sollen.

»Ich denke, keiner von uns kann sich den Alltag in einem Township vorstellen«, sagt Hanni. »Wir werden da gleich auch nicht einfach hineinfahren können.« Als Weißer könne man ein Township nicht betreten, ohne jemanden zu kennen, der jemanden kennt. Unser Jemand ist Tyron, ein großer, stämmiger Mann mit kurzgeschorenen Haaren und Trainingshose. Ein netter Kerl, der uns helfen will, zur Baustelle ins Township zu kommen. Hanni erklärt, dass Tyron der Mittelsmann für ihre Organisation ist, um die Volunteers sicher rein- und wieder rauszubringen.

»Tyron kennt die Menschen. Er hat ihnen klarmachen können, dass wir da sind, um etwas für die Gemeinschaft zu tun.«

»Gerade heute ist es besser, dass ihr mit mir fahrt«, sagt Tyron. »Es hat heute Morgen eine Schießerei gegeben. Dabei ist ein Mann gestorben.« Ich muss schlucken. Wo bin ich gelandet? Wir steigen in Tyrons getönten Bus und biegen von der Asphaltstraße auf einen Sandweg, den Eingang ins Township.

»Okay, here we go«, ruft Tyron nach hinten und stoppt den Wagen.

»Sind wir schon da?«, erkundige ich mich und bin überrascht. Tatsächlich mussten wir für 200 Meter Weg und zweimal abbiegen das Auto wechseln, um sicher zu sein. Das ist schwer zu begreifen.

Die ersten Schritte auf dem Sand, die Gartenpforte in meiner Hand – all das fühlt sich an wie an jedem anderen Ort auf dieser Welt. Ich kann mir nicht vorstellen, dass der Boden, auf dem ich mich gerade bewege, ein gefährliches Pflaster ist, dass hier erst vor ein paar Stunden ein Mensch umgebracht wurde.

Auf der Baustelle herrscht großes Gewusel. Kleine Kinder, die in den angeschlossenen Kindergarten gehen, springen um meine Beine, ein Dutzend junger Erwachsener läuft mit feuchtem Zement an den Händen und mit Werkzeugen bewaffnet kreuz und quer über die Baustelle. Das sind alles Volunteers aus den USA. Ein Mann mit indischem Aussehen begrüßt mich.

»Hallo, Christoph, ich bin Deen, der Baustellenleiter. Schön, dass du da bist.«

»Danke – ich weiß allerdings noch gar nicht so genau, wo ich hier eigentlich bin.«

»Falls du Interesse hast, das Township kennenzulernen, kannst du gern erst mal eine Runde drehen. Mein Freund Isaac wird dich begleiten.« Deen drückt mir einen massiven Metallhammer in die Hand. Es vergehen einige Sekunden, bis ich verstehe, dass er für meine Selbstverteidigung gedacht ist.

Es fällt mir schwer, das alles so schnell zu verarbeiten. Dieser Ort, diese Behausungen sehen erbärmlich aus, ja. Aber ich spüre überhaupt keine Gefahr. Bin ich blind dafür, weil ich mit so einer Situation noch nie konfrontiert wurde? Ich hatte noch nie in meinem Leben eine Waffe in der Hand. Warum auch? Unter normalen Umständen würde ich sie ja eh nicht benutzen. Aber was ist hier normal?

»Sicher ist sicher«, sagt Deen und schickt uns vor die Tür. Im Hintergrund tönt Bob Marleys Stimme aus einem Ghettoblaster: »One love, one heart. Let's get together and feel alright.«

Isaac ist Mitte 20, auf dem Kopf trägt er dicke, verfilzte Dreadlocks. An seiner Hand läuft ein Mädchen, gerade zwei Jahre alt.

»Das ist meine jüngste Tochter. Ich bin verheiratet und habe drei Kinder.«

Natürlich interessiere ich mich brennend dafür, was heute Morgen passiert ist.

»Ich bin mir nicht ganz sicher«, sagt Isaac. »Aber ich glaube, dass es mit den Gangs zu tun hat. Ich werde nie verstehen, warum sie so etwas tun. Unsere Kinder sind nicht sicher und die Menschen, die jeden Tag durch unsere Straßen zur Arbeit fahren müssen, auch nicht.« Es seien in vielen Fällen unschuldige Menschen, die bei solchen Schießereien verletzt oder getötet würden. Isaac versuche, der Community zu helfen, indem er viel Aufklärungsarbeit leistet.

»Ich bin ständig im Viertel unterwegs, um mit den Menschen zu sprechen. Kommunikation ist das Allerwichtigste. Es geht nicht nur darum, unseren Kindern diese Form des Umgangs beizubringen, sondern auch den Erwachsenen zu zeigen, dass alle etwas davon haben, wenn man freundlich zueinander ist.« Isaac versucht mit seinen Nachbarn Projekte umzusetzen – und sei es nur, indem sie gemeinsam einen kleinen Vorgarten anlegen. Zeit miteinander verbringen, Momente und Erfolgserlebnisse teilen, das ist, was den Menschen hier Hoffnung und ein gutes Gefühl gebe.

Bis auf ein paar streunende Hunde ist nicht viel Verkehr auf den Wegen. Vielleicht sind dies die Auswirkungen der jüngsten Ereignisse, das Township wirkt wie ausgestorben. An einer Pforte stehen ein paar kleine Kinder. Sie müssen kichern, als ich zu ihnen gehe und ihnen die Hand gebe.

Ich werfe einen genaueren Blick auf die Umgebung. Wie sieht so ein Township eigentlich aus? Ich stelle fest, dass der

Begriff Wellblechhütte gar nicht wirklich zutrifft. Wellblech ist nur eines von vielen Elementen. Um genau zu sein: In und an den Hütten wird alles verbaut, was man am Straßenrand oder auf Bauschutthalden so finden kann: Spanholzplatten, Metallstangen, bei einigen Häusern dienen ausrangierte Autoreifen als Grundstücksgrenzen und Gartenzäune.

Zurück auf der Baustelle, erklärt mir Deen, was es mit dem Bauprojekt auf sich hat und wie die Arbeit funktioniert.

»In einem Erste-Welt-Land wie Deutschland gibt es alles, was man braucht, nur einen Fingerschnips entfernt. Wenn ihr krank seid, wenn ihr Hunger habt, wenn euch langweilig ist, dann wisst ihr, wohin ihr gehen könnt – das gilt sogar für eure Hunde und Katzen.«

Wir stehen auf einem Hügel neben der Baustelle, Deen zeigt über die vor uns liegende Siedlung aus provisorischen Hütten. »Hier gibt es das nicht. Die Menschen hier haben teilweise nicht einmal fließend Wasser oder regelmäßig Strom – geschweige denn einen Ort, an dem sie sich treffen können.« Deen spricht auch von Missbrauch an Frauen und Kindern, was hier leider an der Tagesordnung sei. Diesen Menschen soll das entstehende Community Centre Zuflucht geben. Sie sollen sich hier treffen können, um Gesellschaftsspiele spielen und sich fortbilden zu können.

»Dieses Stück Land gehört der Stadt«, sagt Deen. »Das Haus soll ein Prototyp für andere Townships werden.«

»Wann wird es fertig sein?«, will ich wissen.

»Es steht und fällt immer mit den Freiwilligen. Manchmal gibt es keine – und wenn es welche gibt, ist es ganz unterschiedlich, wie viel sie an einem Tag schaffen. Es sind ja keine Fachkräfte, es sind ungelernte Freiwillige. Ich hoffe, dass wir nächstes Jahr im Juni fertig sein werden.«

Die Arbeit ist leicht zu verstehen und umzusetzen. Die anderen Freiwilligen helfen mir und weisen mich in die wichtigsten Handgriffe ein. Heutiges Tagesziel ist es, eine weitere Wand hochzuziehen. Dafür füllen wir recyclebare Säcke mit Sand und stapeln sie. Dann rühren wir Zement an und spachteln die Säcke zu, bis sie nicht mehr zu sehen sind. Währenddessen sind ein paar von uns damit beschäftigt, einen Graben zu buddeln, um eine Wasserleitung zu verlegen. Wiederum andere verstreichen den Estrich, der eines Tages der Boden der Terrasse werden soll. Alles geht Hand in Hand, Deen hat die Koordination gut im Griff – und zwischendurch bleibt genügend Zeit zum Quatschen.

»Wir wollten vor dem College unbedingt noch mal ein *Gap Year* einlegen«, erzählen Marissa und Abbey, die mit mir an der Wand arbeiten. Sie sind beide gerade achtzehn geworden. »Viele von uns wissen noch nicht so genau, was sie mit ihrem Leben anfangen möchten. So können wir überall auf der Welt verschiedene Jobs ausprobieren: Kinderbetreuung, Naturschutz, körperliche Tätigkeiten, Administratives …«

»Und ganz nebenbei reisen wir um die Welt«, wirft Abbey ein.

»Ihr seid also zusammen hierhergekommen?«

»Nein, wir haben uns erst vor drei Wochen in Ghana kennengelernt. Seitdem sind wir allerbeste Freundinnen«, sagt Marissa, und Abbey fügt mit todernster Miene hinzu: »I love her so much!«

Ach, die Amis. Ich bin mir nicht sicher, ob ich sie um ihre Fähigkeit, rasend schnell Zuneigung zu entwickeln, beneiden soll oder ob ich sie für emotional gestört halte. Aber hey, ich gönne den beiden Mädels dieses »allerbest« und »so much«, sie müssen es schließlich noch sieben Monate miteinander aushalten. Weitere Stopps für die beiden sind Peru und Thailand. »Und als Nächstes geht es nach Nepal«, sagt Abbey.

»Oh wow, da komme ich gerade her«, sage ich – und dann müssen Marissa und Abbey eine ganze Weile geduldig zuhören, wie meine Kathmandu-Erlebnisse aus mir heraussprudeln.

»Okay, guys«, ruft Deen über die Baustelle. »Bitte kommt zum Ende und wascht euer Werkzeug ab.«

Ich stutze. Es ist gerade erst Mittag. Deen kommt zu mir und zieht mich zur Seite.

»Nach der Schießerei erwarten wir einen Vergeltungsakt von den Gegnern. Die ganze Gegend ist gerade in einer Krisensituation, weshalb es etwas unsicher ist, hier zu bleiben. Wir wollen nicht ins Kreuzfeuer geraten.«

Innerhalb weniger Minuten fahren zwei getönte Busse von Mittelsmann Tyron und seinem Kollegen vor und sammeln die Volunteers ein. Schneller als gedacht – und vor allem auch dramatischer als vermutet –, verlassen wir die Baustelle. Die Wand ist nicht fertig geworden, der Estrich ist uneben und die Wasserleitung noch nicht wieder geschlossen. Das hatte ich mir etwas anders vorgestellt.

Durch die Heckscheibe sehe ich Isaac und Deen, die uns hinterherwinken. Deen, weil er die Baustelle zu Ende aufräumen muss, und Isaac, weil dieser Ort sein Zuhause ist.

»Das ist doch alles nicht real, oder?«, frage ich, als wir wieder auf dem Highway unterwegs sind.

»So deutlich habe ich das bisher auch noch nicht miterlebt«, sagt Hanni.

Ich kann mich nur an wenige Situationen in meinem Leben erinnern, in denen ich mich nicht sicher gefühlt habe. Etwa bei einem Spaziergang durch Panama-Stadt, wo mich Blicke verfolgten und eine komische Spannung in der Luft lag. Aber hier in Kapstadt haben wir gerade einen Ort verlassen, dessen Gefährlichkeit ich noch immer nicht begreifen kann. Es war alles ruhig, die Gefahr, die in der Luft lag, war unsichtbar. Sie fühlte sich nicht an und roch auch nicht. Oder fehlen mir dafür einfach die Antennen?

Keine zehn Minuten später sind wir erneut in einer anderen Welt. Der Flieger geht um achtzehn Uhr, bis dahin haben wir noch ein paar Stunden Zeit. Hanni möchte uns gern den tosenden Ozean zeigen und fährt mit uns ins Surferparadies nach Muizenberg an der False Bay, die im Westen vom Kap der Guten Hoffnung eingefasst und von einem unendlich langen, paradiesischen Strand gesäumt ist. Bunte Badehäuschen stehen am Strand, die Wellen brechen mit lautem Rauschen am Ufer. Ein paar Surfer sind draußen, obwohl am Strand eine rote Flagge weht, auf der ein Hai abgebildet ist.

»Es gibt in der Bucht sehr viele Seehunde und Robben, das zieht Weiße Haie an«, erklärt Hanni. »Leider wissen die Haie manchmal nicht, was Mensch und was Robbe ist – und dann knabbern sie mal jemanden an.« So komme es in der False Bay regelmäßig zu Haiattacken auf Surfer und Schwimmer, weshalb in der Bucht ein Frühwarnsystem mit Sirenen und verschiedenfarbigen Flaggen eingerichtet wurde. Bei Grün gibt es keine Gefahr, Schwarz zeigt trübes Wasser an, in dem man Haie schlecht erkennen kann, und Weiß bedeutet: Badeverbot, es befindet sich gerade ein Hai in der Bucht. Die aktuelle rote Flagge weist darauf hin, dass innerhalb der letzten Stunde ein Weißer Hai gesehen wurde. Heidewitzka! Baden und Surfen sind trotzdem erlaubt – auf eigene Gefahr. Auch wenn ich normalerweise natürlich ein Journalist bin, der auch mal dahin geht, wo es weh tut, verzichte ich diesmal lieber darauf, meinen großen Onkel ins Wasser zu halten.

Es sind wunderbare letzte Stunden. Wir machen einen Roadtrip entlang der Küstenlinie durch St. James bis nach Kalk Bay, essen frittierte Calamari an einem Steg, an dem Fischerboote den frischen Fang direkt auf den Grill des Restaurants verfrachten. Wir klettern auf Uferfelsen herum, erahnen am Horizont Seal Island, auf der sich die Seehunde und Robben inmitten der Bucht räkeln und langsam an die kommende Sommerwärme gewöhnen. Es sind die finalen Momente der Reise, in denen sich doch noch der Wunsch erfüllt, der mir beim Zwischenstopp in Los Angeles verwehrt blieb: ein paar Stunden am Meer verbringen und nichts im Kopf haben müssen.

Ich stehe einfach nur da und lasse mir die salzige Ozeanluft um die Nase wehen. Vor meinem inneren Auge ziehen die noch taufrischen Erinnerungen an das aufregendste und anstrengendste Abenteuer meines Lebens vorbei, vor meinem äußeren liegt der Südliche Ozean. Er zeigt mir einmal mehr die Distanz, die ich zurückgelegt habe. Weiter als bis zum Horizont kann ich nicht schauen, das sind vielleicht fünf Kilometer. Doch dahinter geht das Meer noch über 4.000 Kilometer weiter, bis seine Wellen auf den einzigen

Kontinent prallen, den ich in den letzten zehn Tagen nicht betreten habe: die Antarktis.

Aber man muss ja auch noch Träume haben.

### DAS KAPSTADT-VIDEO

# #TAG11

# VON **KAPSTADT** NACH **KIEL**

Mit Fummelbrause Richtung Endstation

Warum gibt es einen Tag elf? Sollte nicht nach zehn Tagen Schluss sein und ich wieder in meinem eigenen Bett schlafen? O Gott, mein eigenes Bett!

Nun, die Flüge, die aus Afrikas Süden nach Europa fliegen, sind in der Regel Nachtflüge. Das macht die Sache relativ angenehm. Man kann es sich in seinem Sitz gemütlich machen, einschlafen und ohne Jetlag in den heimischen Gefilden aufwachen, da es ja keine Zeitverschiebung gibt. Ich hätte also nach neun Tagen und elf Stunden wieder in Deutschland landen können – oder mir den Luxus genehmigen, eine Nacht dranzuhängen und die Weltreise um elf Stunden zu überziehen. Man gönnt sich ja sonst nichts, dachte ich bei der Buchung und entschied mich für den späteren Flug.

Und noch mehr Luxus: Condor schenkt mir die Business Class auf dem Heimflug. Mit ausfahrbaren Sitzen habe ich trotz meines Vielfliegerstatus bisher kaum Erfahrungen. Ich werde jedes Mal grün vor Neid, wenn ich durch die Business Class laufen muss, um dann bei meinem eigenen Sitz in der Economy eingepfercht zu werden. Diesmal darf ich vorne Platz nehmen. Schnittchen und Fummelbrause sind zwar eigentlich nicht so meine Welt, aber heute bediene ich mich gern, wann immer die Flugbegleiterin an unserer Sitzreihe vorbeikommt. Dazwischen spiele ich ununterbrochen an meinen Sitzknöpfen herum. Vor, zurück, sitzen, liegen, Beine hoch, Beine runter, Klappmesser zu, Klappmesser auf. Thomas und ich schneiden dabei Grimassen und lachen, bis unsere Bäuche weh tun. Die ältere Dame schräg hinter uns meckert und schüttelt den Kopf. Solche Anfänger hat sie wohl noch nie erlebt.

Trotz des gemütlichen Liegesessels schlafe ich schlecht, huste mich durch die Nacht und wache gerädert auf, als das Flugzeug bereits den Süden Europas überquert.

Da ist er, mein Heimatkontinent. Lang nicht gesehen. Obwohl, das stimmt eigentlich gar nicht. Doch in der Zwischenzeit ist so viel passiert wie manchmal in einem ganzen Jahr nicht.

Touchdown Frankfurt, die Weltumrundung ist offiziell. Thomas und ich reden nicht viel in den letzten Minuten, wir traben still nebeneinander her. »Was für ein krasser Trip!«, ist das Letzte, was ich sage, als die Tür meines Zuges schließt und ich durch das ovale Fenster winke. Thomas steht auf dem Bahnsteig und winkt zurück.

Sechs Kontinente, zehn Länder, sechzehn Orte in 251 Stunden – und jetzt sind es nur noch sechs, bis ich wieder zu Hause bin. Mein Ziel ist ein Ort, der alles andere als die große weite Welt ist. Es ist die Provinz, eine Sackgasse am Meer, mit hungrigen Möwen und den blauen Werftkränen, die ich so gernhabe.

Ich habe in der Ferne gelernt, meine Heimat zu lieben. Nicht erst seit dieser Reise weiß ich, dass Kiel mein schönster Ort zum Nachhausekommen ist, für einen heißen Kaffee mit Freunden auf der Dampferbrücke und für Strandspaziergänge mit meiner Familie.

Niemand kommt zufällig hierher, nach Kiel muss man wollen – egal mit welchem Verkehrsmittel. Wer nicht aufpasst, brettert auf der A7, die Schleswig-Holstein in der Mitte durchschneidet, knallhart an meiner Heimatstadt vorbei. Wer mit dem Schiff über die Ostsee segelt, wird Kiel nie zu Gesicht bekommen – er muss das Steuer herumreißen und in die Förde einbiegen, sonst schippert er dran vorbei. Und auch mit dem Zug fährt man nicht mal eben so durch Kiel, in unserem Kopfbahnhof endet die Reise.

Endstation – genau das, was ich jetzt brauche. Einen Ort, an dem ich mal wieder anhalten kann, an dem mich die große weite Welt nicht findet. Wo es nicht aufregend ist, wo man von keinen Türmen springen und keine Tricks aufführen kann, wo keine Affen beim Keksessen stören, niemand Meerschweinchen isst oder um sich schießt und wo keine Flugzeuge fliegen. Ich bin hier schon so oft wieder angekommen – aber vielleicht noch nie so gern wie diesmal. Weil der Rucksack so voll mit Geschichten und Erlebnissen ist wie noch nie. Und das Auspacken wird dauern. Dafür werden zehn Tage nicht ausreichen.

# #NACHWORT

Er kam immer zur gleichen Zeit – jedes Jahr am selben Tag um achtzehn Uhr, und dieses Mal würde ich ihn auf jeden Fall erwischen. Da war ich mir sicher. Es klingelte.

Meine Augen wurden riesig, ich rannte zur Tür und riss sie auf.

»Und?«, fragte meine Mutter, als ich wieder reinkam. Ich strahlte über beide Hamsterbacken.

»Mama, Mama – ich habe ihn gesehen! Er ist gerade um die Ecke gebogen.«

Heiligabend 1995, ich war fast zwölf. Das konnte so nicht weitergehen, wusste meine Mum. Als sich die Weihnachtswogen geglättet hatten und wir im neuen Jahr angekommen waren, saß ich auf ihrem Schoß und weinte wie ein Kleinkind. Ich war mir doch so sicher, dass es ihn gab. So sicher, dass ich mir einbildete, ihn mit seinem Schlitten davonrauschen gesehen zu haben – und so sicher, dass es mir das Herz zerriss, als sie mir ein für alle Mal klarmachen musste, dass er nur eine Erfindung ist.

Für diese Geschichte wurde ich schon oft ausgelacht – ja, dass ich mit fast zwölf noch an den Weihnachtsmann geglaubt habe, ist möglicherweise das Peinlichste, was ich über mich zu erzählen habe. Seit der Zehn-Tage-Reise hat die Geschichte allerdings starke Konkurrenz bekommen. Im Krankenhaus in Las Vegas, als ich der Krankenschwester zur Verabschiedung ein nett gemeintes »Alles Gute für Ihr Baby!« zurief. Vielleicht war es der noch nicht ganz abgeklungene Fieberwahn oder der wiedergewonnene Lebensmut, der mich Lebensregel Nummer eins im Umgang mit Frauen missachten ließ. Ihr fassungsloser Blick jedenfalls verriet mir, dass sie gar nicht schwanger war.

Diese und viele andere Anekdoten hatte ich längst vergessen, ich bin erst Wochen später wieder darüber gestolpert. Sie sind der Grund dafür, dass ich zehn Wochen nach meiner Rückkehr noch immer am Auspacken bin. Ich erlebe die Reise jeden Tag aufs Neue. An jedem einzelnen Tag fliege ich auf der immer gleichen Route um die Welt, und dabei fallen mir so viele Details wieder ein: Jans Chipstüte, Tutanekais Flöte, Amys Pausbäckchen, Dipeshs Lebensträume. Das Bild von Arjuns Schmetterlingsmädchen habe ich in meinem Arbeitszimmer aufgehängt und jeden Tag angeschaut, während ich die Erlebnisse und Gedanken, die Zweifel und Glücksmomente von #10Tage zu dieser Geschichte zusammengeschrieben habe.

Heute ist Silvester. Heute ist es aber auch genau 80 Tage her, dass ich am 12. Oktober auf Reisen gegangen bin. Jetzt erst, mit dem Abschluss dieses Textes, bin ich wieder angekommen. Erst heute endet die Reise wirklich. In Gedanken – und auf Papier. In 80 Tagen um die Welt? Das gab's doch schon mal.

Keine Sorge, ich habe nicht vor, Jules Verne für einen Vergleich heranzuziehen. Aber ich bin ganz erstaunt, wie lange eine so kurze Reise im Kopf arbeiten kann. Dabei habe ich festgestellt, dass ich während #10Tage zwei persönliche Grenzen kennengelernt habe.

Wie ihr wisst, war ich im naturwissenschaftlichen Bereich nie sonderlich begabt, deshalb stelle ich mir die Physik unseres Gedächtnisses wie eine riesige Badewanne vor. Mein Erlebniswasserhahn war bis zum Anschlag aufgedreht, zehn Tage lang prasselten die Erlebnisse unaufhörlich in die Wanne. Irgendwann nach acht, neun Tagen war die Speicherkapazität erschöpft, was jede handelsübliche Badewanne zum Überlaufen bringen würde. Die Gedächtniskeramik allerdings hat in meiner Vorstellung winzige Speichersäckchen am Rand, in die die kleineren, vermeintlich weniger wichtigen Erlebnisteilchen fließen. Um nicht unauffindbar weggespült zu werden, verstecken sie sich dort so lange, bis in der Gedächtniswanne – dank eines geöffneten Erinnerungsabflusses – irgendwann wieder Platz für sie ist.

An unserem ersten Tag kam auf der Plaza de Armas in Lima eine Gruppe von 20 kichernden Teenagern auf uns zu, um Fotos zu machen.

»Peruanische Mädchen mögen euch Europäer ganz gern«, sagte Mila und zwinkerte. Bei dem Blitzlichtgewitter fehlte nur noch der rote Teppich.

Nach der Zaubershow in Vegas sind Thomas und ich mit dem Taxi zurück ins Hotel gefahren. Die Fahrt kostete sieben Dollar 50, wir gaben zehn nach vorne. Der Fahrer drehte sich um:

»Das ist nicht genug.«

»Wie bitte?«

»Das Trinkgeld – es reicht nicht. Das hier ist Vegas, man!«

Während wir in Kathmandu im Innenhof am Durbar Square auf die Kumari warteten, wurde Gokul von einer über uns fliegenden Taube getroffen. Im nächsten Moment hielt er seine Faust vor den Mund, als würde er durch ein Funkgerät sprechen: »Mayday, Mayday – Kuhherde wurde von Taube angekackt!« Ich habe mich totgelacht!

All diese Momente waren einige Zeit lang verschollen, so als wären sie gegenüber anderen nicht bedeutend genug. Sie sind mir erst Wochen nach der Reise wieder eingefallen, als ich meine Filmaufnahmen und Notizen durchsah und sie dadurch wieder aus ihren Gedächtniswannenspeichersäckchen hervorkamen. Ja, ich glaube, so funktioniert das mit dem Kopf.

Neben den Grenzen der Gedächtniswanne habe ich auch die Grenzen der Zeit neu kennengelernt. Die Moral von der Geschicht' lautet nicht, dass man sich für eine Weltreise mehr Zeit nehmen sollte. Das war nämlich schon vorher klar. Vielmehr hat mir mein kleiner Once-in-a-Lifetime-Trip gezeigt, was man mit seiner Zeit anstellen kann. Ich habe gelernt, was möglich ist, wenn ich sie richtig anpacke. Was man an einem Tag schaffen kann, wenn man ihn nutzt.

Carpe diem, Baby!

Es gibt zu dieser Reise ein kleines Lied, das ich geschrieben habe. Dort heißt es im Refrain: »Lass endlich los, was dich nicht mehr hält – und flieg in zehn Tagen um die Welt.« Das ist ein Bild, das mir gefällt. #10Tage ist ganz gewiss kein Urlaubsmodell der Zukunft: zu viel Vorbereitung, zu stressig in der Durchführung – und die Umwelt findet's auch nicht so geil. Es ist nicht mal ein Aufruf zum Reisen. Aber wie es geht, sich seiner Zeit bewusst zu werden, und wie wichtig es ist, sie mit schönen Dingen zu verbringen, das hat mir die Reise einmal mehr gezeigt. Egal, ob zehn Tage, zehn Wochen oder zehn Jahre. Egal, ob auf Weltreise oder auf Heimatsuche. Egal, ob mit lautem Getöse oder im stillen Kämmerlein. Egal, ob für sich oder für andere. Weniger »Das schaffe ich ja eh nicht mehr«, mehr »Los geht's!«.

**MUSIKVIDEO: »In zehn Tagen um die Welt«**

Vieles, was wir tun, scheint nicht weiter der Rede wert zu sein – weil es unter der Dachmarke Alltag fungiert. Aber ist das alles wirklich so wenig erwähnenswert? Für den Blog meines Verlags habe ich nach der Rückkehr zehn ganz normale Tage in meinem Leben dokumentiert, um sie #10Tage gegenüberzustellen. Kann das normale Leben mit einer Weltreise auf Speed mithalten? Das Ergebnis: Natürlich kann es! In meine normalen zehn Tage passten ein tolles Konzert und ein Fahrtraining in der Autostadt, ein Kurzurlaub bei den Schwiegereltern und Laternebasteln mit dem Kind. Ich bin mir sicher: Jeder von uns kann sich ganz beliebige zehn Tage seines Lebens rauspicken und wird feststellen, dass dabei jede Menge Schönes und Mitteilungswertes passiert. Ganz automatisch – weil das Leben passiert. Es muss ja nicht immer gleich etwas Weltbewegendes sein. Ob in meinen zehn Tagen Reise etwas Weltbewegendes passiert ist, weiß ich nicht. Ich bin mir nicht mal sicher, ob das der Anspruch an dieses Abenteuer war. Ich habe mich einmal um die Welt bewegt, während die Welt sich zehnmal um sich selbst bewegt hat – und wenn es auch nur einen Menschen gibt, dessen Welt ich damit bewegen konnte, sei es durch eine helfende Hand, ein gemeinsames Lachen – oder ein Buch, das er gern gelesen hat, dann könnte ich zufriedener nicht sein.

Denn ein Buch schreiben, *das wollte ich schon immer mal.*

# #DANKE

Ganz viele High-Fives gehen an meine Follower! Was wäre diese Reise ohne euch? Überhaupt nichts. Danke fürs Abstimmen und Kommentieren, Aufgabenstellen und Mitfiebern!

Das Gleiche gilt für die Menschen (und Tiere), die ich unterwegs treffen durfte: die herzliche Mila und die flauschige Sunny, den bissigen Arí, den unterirdischen Matt, den messerscharfen Jan und seinen Manager Frank, die lebensfrohe Amy, den Hobbitfreund Ethan, den filigranen Te Mataa, die kämpferischen Laurence, Chadwick und Te Whawhanga, den »technically« korrekten Geoff, den aufmunternden Andy und die fotografierende Poko, die großzügige Salvation Army, die gastfreundliche Maya, den lustigen Mr President, Lila und die lebendigen Kinder in Lalitpur, den coolen Gokul, den hungrigen Tempelaffen, den verspäteten Domingo, den singenden Signi, die verliebten Emil und Chiara, die ausgewanderte Hanni, den organisierten Deen, den bewundernswerten Isaac, die fleißigen Marissa und Abbey – ihr alle habt dieser Reise ein einzigartiges Gesicht gegeben.

Dass die Dinge überhaupt ins Rollen kamen, habe ich meiner Lektorin Marieke zu verdanken. Danke, dass du an diese Idee geglaubt hast! Das nächste Mittagessen in Kiel geht auf mich. (Keine Widerrede!)

Danke an Gesa fürs Zuhören, Mitzweifeln und Motivieren, an Lions of Nebraska und Claudius von Plattenmonster, dass ich mit euch meinen Song aufnehmen durfte – und an Melle, weil du die Einzige bist, die ihn im Radio gespielt hat.

Danke an Moritz, Babs, Lena und Paul – dafür, dass ihr schon so lange da seid. Ich danke Marianna und Johannes, dass ihr meinen Blog zu jeder Zeit technisch und graphisch im Griff habt – ihr wisst, wie aufgeschmissen ich ohne euch wäre. Danke auch an meine anderen liebsten Arbeitskollegenfreunde Jenny, Nina, Yvonne, Lea, Heike und Gigi – dafür, dass das Reisen und darüber Berichten mit euch so viel Spaß macht. Danke an Melina und Anna-Miriam für die Social-Media-Unterstützung während der Reise – und an Fabian, dass alles, was mit #10Tage zu tun hat, so hübsch aussieht.

So gern ich auch allein reise: Danke, Thomas, dass du dabei warst. Du warst die allerbeste Begleitung! Und danke, Linda – du weißt wofür.

Danke an meine Familie – besonders an meine Mum, dass du mir diese Neugier geschenkt hast, und an Benny, weil du mich so oft wissen lässt, dass du ein stolzer großer Bruder bist. Und am allermeisten danke ich meiner eigenen kleinen Familie – dafür, dass ihr mich immer wieder losziehen lasst und mich bei jeder Rückkehr aufnehmt, als wäre ich nie weg gewesen. Ihr seid mein Hafen und mein ganzer Stolz.

## WAS WOLLTEST DU SCHON IMMER MAL?

Schick mir deine Reiseträume und Abenteuer-Spinnereien an post@10tage.com oder poste sie mit dem Hashtag #10Tage auf Twitter oder Facebook. Die schönsten werde ich auf www.10tage.com veröffentlichen.

*Fabian Sixtus Körner*

## Journeyman

1 Mann, 5 Kontinente
und jede Menge Jobs

Mit zahlreichen Fotos.
QR-Codes mit Fotos und Videos
im Buch.
288 Seiten. Klappenbroschur.
Auch als E-Book erhältlich.
www.ullstein-extra.de

***Ohne Geld um die Welt***

Wie kommt man einmal um die Welt, mit nur 255 Euro auf dem Konto? Fabian Sixtus Körner schnappt sich seinen Rucksack und macht sich auf ins Ungewisse. Sein Plan: alle Kontinente dieser Erde bereisen – und überall für Kost und Logis arbeiten. Er legt Tausende von Kilometern in Fliegern, Zügen, Bussen, löchrigen Booten und Rikshas zurück und arbeitet dabei mal als Grafiker, mal als Architekt oder Fotograf. Zwei Jahre und zwei Monate, über sechzig Orte, querweltein.

ullstein